HOLLYWOOD Y EL

CINE ERÓTICO

Diosas del cine

© Adolfo Pérez Agustí

© Ediciones Masters

Fernán Caballero, 4-1º dcha.

28019 Madrid (Spain)

edicionesmasters@gmail.com

http://www.edicionesmasters.com

Resulta difícil marcar la frontera entre erotismo y pornografía, labor en la cual han fracasado todos los sociólogos, pues parece ser más una cuestión de apreciación personal que general. Para algunos, el erotismo es "sano", es el motor que nos impulsa a sentir atracción por las personas, su piel, sus andares, sus palabras y su vestimenta. Para otros, es solamente un acercamiento a nuestro instinto animal; a ese impulso que la naturaleza nos ha puesto para perpetuar la especie.

Lo cierto es que, en cierto modo, todos los seres humanos disponemos de numerosos recursos eróticos con los cuales queremos dejar bien clara nuestra condición de sexuados, de seres que reconocen la enorme importancia que las relaciones sexuales tienen en el bienestar físico y psicológico. La mujer sabe desde que Dios la puso en el Paraíso, que posee unas armas de seducción que le son dadas por naturaleza y las utiliza con suma frecuencia. Una mujer, por ejemplo, está manifestando el aspecto erótico de su personalidad cuando deliberadamente marca sus redondeces y enseña sutilmente parte de sus pechos, siendo consciente de que ese mismo atuendo pasaría totalmente desapercibido en una playa llena de gente. Paradójicamente, el mismo hombre que horas antes contemplaba con poco interés a esa mujer que lucía en la playa apenas un esbozo de bikini, queda entusiasmado cuando la mira de reojo en una cafetería en el momento en que ella cruza deliberadamente sus piernas para mostrarlas.

Por razones extrañas, el impulso visual erótico se hace más intenso si miramos a la hembra cuando se desnuda delante de su amante y les podemos ver a ambos haciendo el amor con intensidad. En ese momento hay quien asegura que nos adentramos en la pornografía, un terreno en el cual, aparentemente, los sentimientos dejan paso simplemente al impulso sexual, sin más requisitos ni justificaciones.

El cine no ha sido ajeno a esta diferenciación, y desde siempre ha marcado claramente la frontera entre cine erótico y pornográfico, no solamente buscando la clasificación para "mayores de 18 años", sino para buscar un público determinado. Lo curioso del caso es que el espectador también ha tenido clara la diferencia entre ambos estilos y parece ser que el erotismo ha ganado interés, tanto en calidad artística como en beneficios económicos. Ello ha ocasionado que nadie ponga empeño en realizar películas pornográficas de calidad artística, pues saben que el espectador solamente quiere ver en estos filmes a los protagonistas completamente desnudos, practicando el sexo una y otra vez, apenas sin justificación sentimental. Esa trampa ha sido la causante de su propio estancamiento artístico, aunque a los propietarios de películas pornográficas no les preocupa, pues el mercado sigue siendo sumamente rentable.

Hay otro dato muy significativo, y es que las películas eróticas triunfan si el protagonismo lo llevan las mujeres, al menos en cuanto a desnudos se refiere. Afortunadamente ellas no tienen reparo en mostrar su bello cuerpo si "lo exige el guión", siendo todavía pocos los actores famosos que aceptan mostrarse desnudos, y no por falta de cualidades físicas. Ello ha ocasionado que el cine erótico esté centrado casi exclusivamente en el cuerpo de la mujer, y aunque los actores modernos se están incorporando a esta tendencia, apenas si les vemos fugazmente su trasero. Disculpen, pues, nuestras amigas y compañeras, si en este libro no hemos incluidos varones desnudos. Otra vez será.

RELACIÓN DE FILMES

TRÁFICO DE ARMAS
TRAFFIC IN SOULS (1913)

D
I
O
S
A
S

D
E
L

C
I
N
E

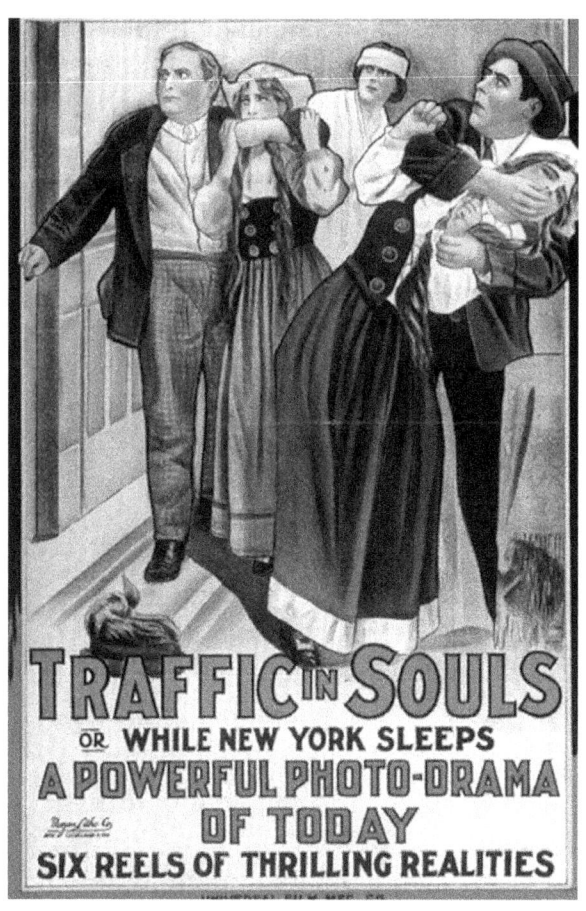

Director: George Loane Tucker

9

Intérpretes:
>
> JANE GAIL
> ETHEL GRANDIN
> MATT MOORE

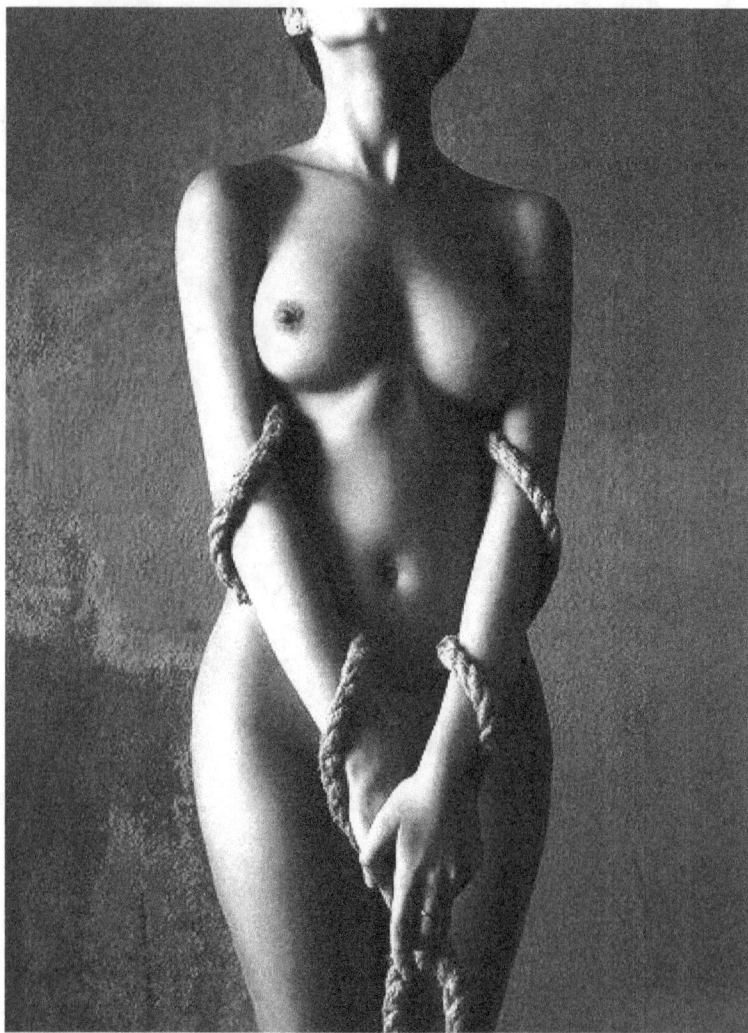

D
I
O
S
A
S

D
E
L

C
I
N
E

D
I
O
S
A
S

Uno de los melodramas más notorios de su tiempo, el cual pareció confirmar los peores miedos de todo el mundo sobre "la esclavitud blanca". Los reformadores sociales se pusieron en acción para impedir su exhibición, mientras que el público simplemente se precipitó a los cines para verlo.

Según se dice, estaba basado en investigaciones contemporáneas criminales, aprovechando ciertas declaraciones de las personas afectadas. Los delincuentes secuestraban a los inmigrantes recién llegados, todavía demasiado inocentes como para escapar o acudir a la policía. Pero la película también enfoca la vida de dos hermanas nativas: la mayor de ellas aferrada a un concepto muy férreo de la moralidad y la decencia, mientras que la más joven caía fácilmente en la tentación y acaba inmersa en una red de prostitución.

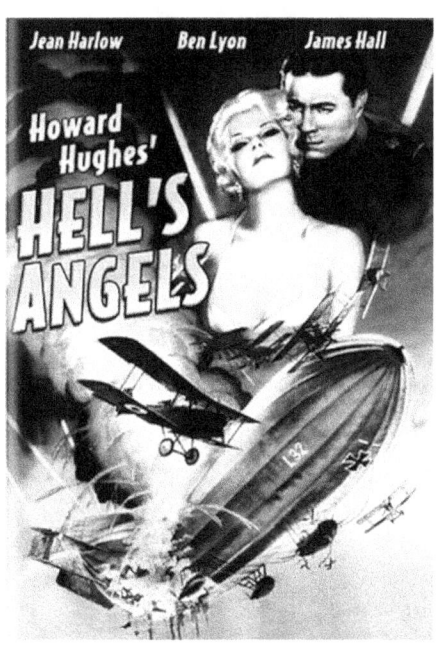

ÁNGELES DEL INFIERNO
HELL'S ANGELS (1930)

Intérpretes:
BE LYON: Rutledge
JEAN HARLOW: Helen

Los *Ángeles del Infierno* es un filme conocido por los altos costes de producción que sufragó Howard Hughes (aproximadamente 3 millones de dólares), y el debut en la pantalla de Jean Harlow, por entonces con 18

11

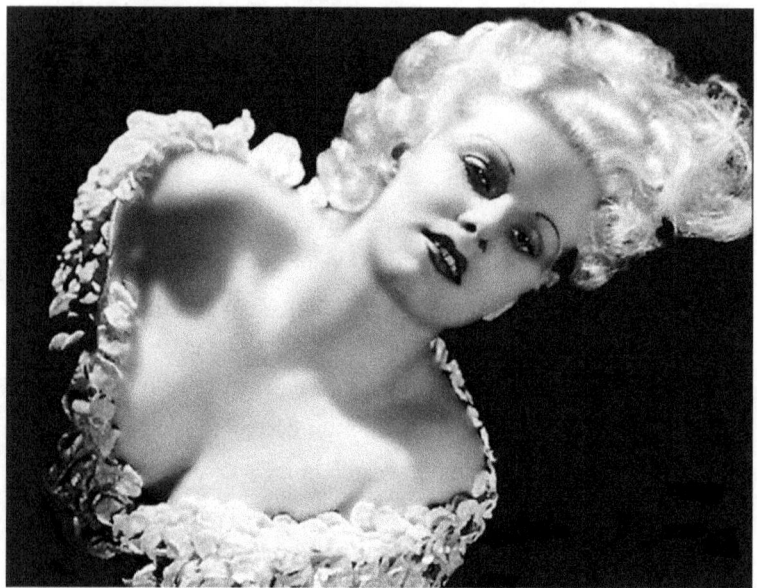

años. Con numerosas y espectaculares escenas aéreas, nos cuenta la historia de dos hermanos (uno bueno y otro malo), quienes salen de Oxford para incorporarse a la British Royal Flying Corps durante la Primera Guerra Mundial. Uno de ellos, Roy, se enamora de Helen, quien aprovecha para seducirle con un vestido que causó furor entonces, pues apenas si cubría sus pechos.

RED DUST
(1932)

Intérpretes:
   CLARK GABLE: Dennis
   JEAN HARLOW: Vantine
   MARY ASTOR: Barbara

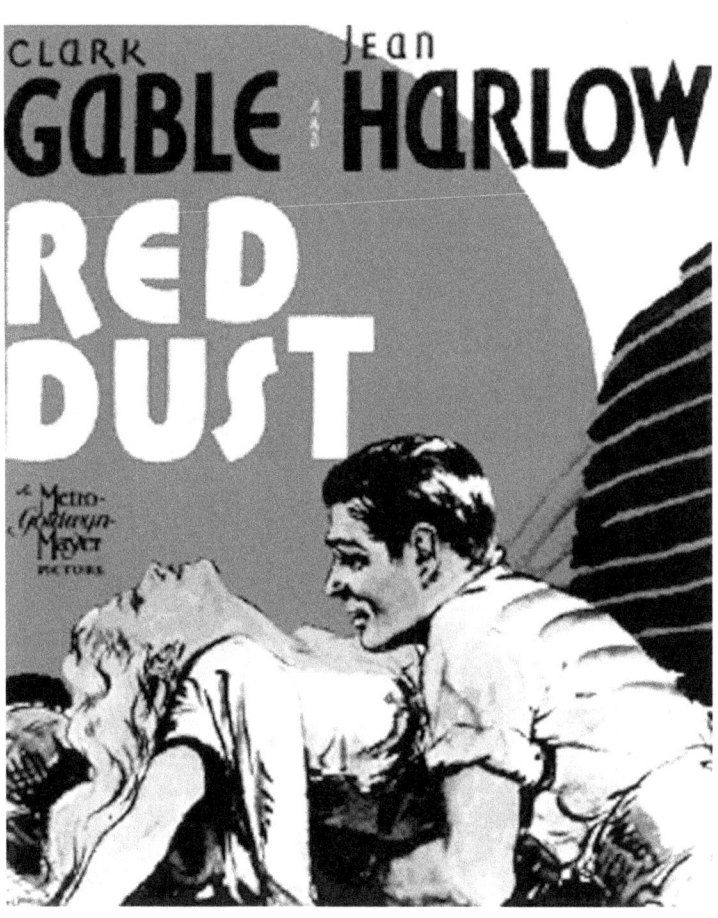

Polvo Rojo es la primera película de Clark Gable y Jean Harlow, promocionada con el lema: "Él la trató mal y a ella le gustó". La chica es una prostituta popular, atractiva, sabia, rubia platino, que acaba de escapar de las autoridades indochinas en Saigón, refugiándose en una plantación tropical propiedad de Dennis Carson, después de que su buque de vapor se estropeara.

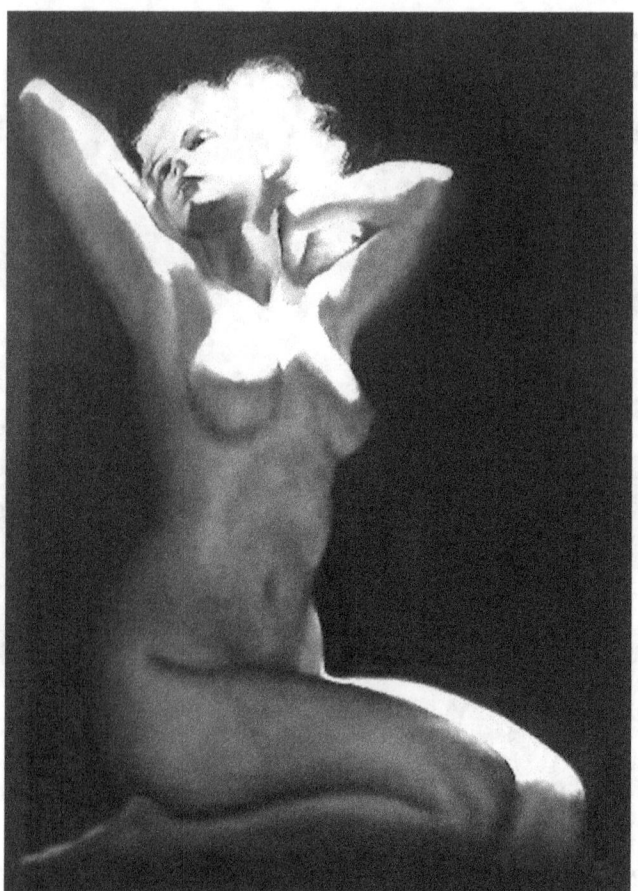

Hay algunas buenas secuencias, con la adecuada química sexual entre ellos, con una adecuada escena de baño en un barril, con ella desnuda, pidiéndole a Dennis que la frote el trasero. El remake, de nuevo con Clark Gable, se tituló *Mogambo*, con mayor éxito que la primera versión.

D
I
O
S
A
S

D
E
L

C
I
N
E

PERDICIÓN
DOUBLE INDEMNITY (1944)

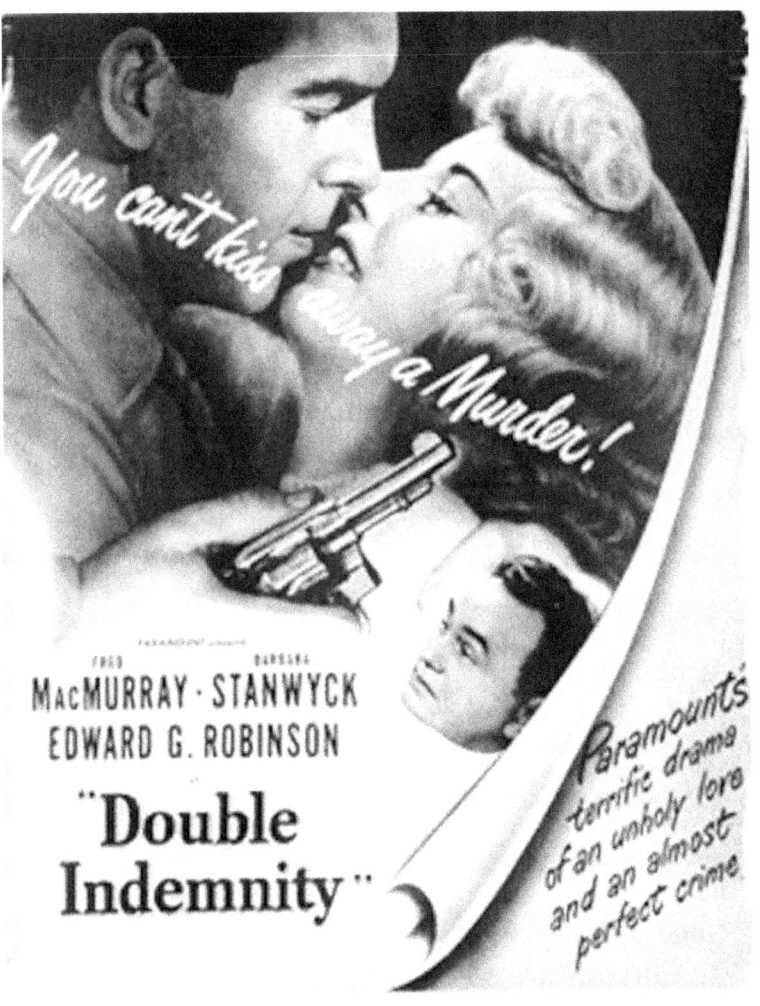

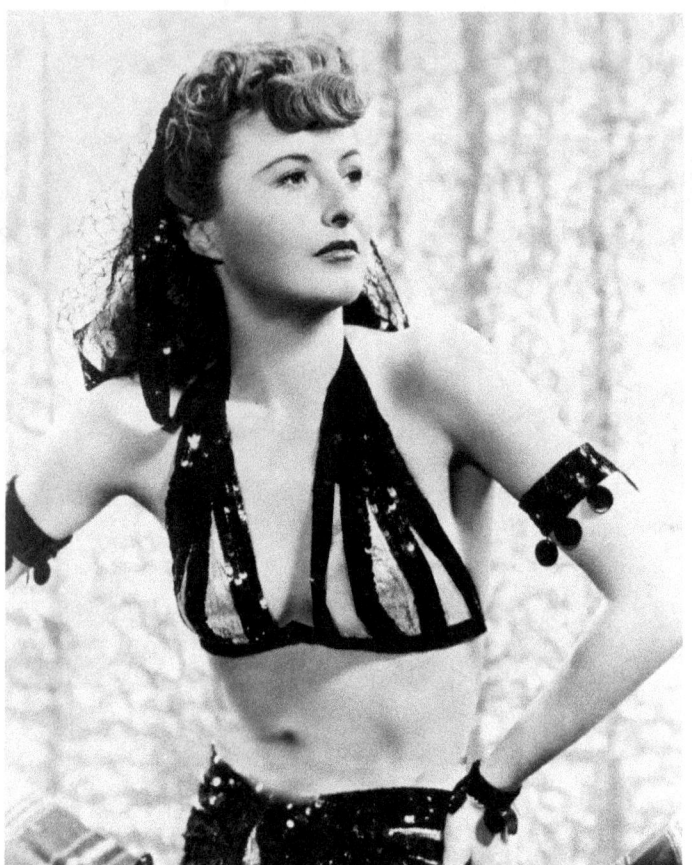

D
I
O
S
A
S

DEL

Director: Billy Wilder
Guión: Billy Wilder, Raymond Chandler

C
I
N
E

Intérpretes:
BARBARA STANWYCK
EDWARD G. ROBINSON
FRED MACMURRAY

D
I
O
S
A
S

Es considerada como una obra maestra del cine negro, una película de intriga, ingeniosa y sensual cuando nos habla del adulterio y la corrupción. La historia estaba basada en la novela de James M. Cain's, y aunque no recibió ningún oscar, fue nominada en siete categorías, siendo derrotada por *Going My Way*.

Chandler dijo a propósito de su labor: "*El trabajo con Billy Wilder en* **Perdición** *fue una experiencia asesina y probablemente ha acortado mi vida, pero aprendí cómo se escribe un guión, tanto como soy capaz de aprender... lo que no es mucho. Como cualquier escritor que llega a Hollywood, al principio estaba convencido de que tenía que haber algún método que permitiera trabajar en una película sin acabar de perder el poco talento creativo que pudiera poseerse. Como otros antes que yo, descubrí que perseguía un sueño...*"

D
E
L

DUELO AL SOL
DUEL IN THE SUN (1946)

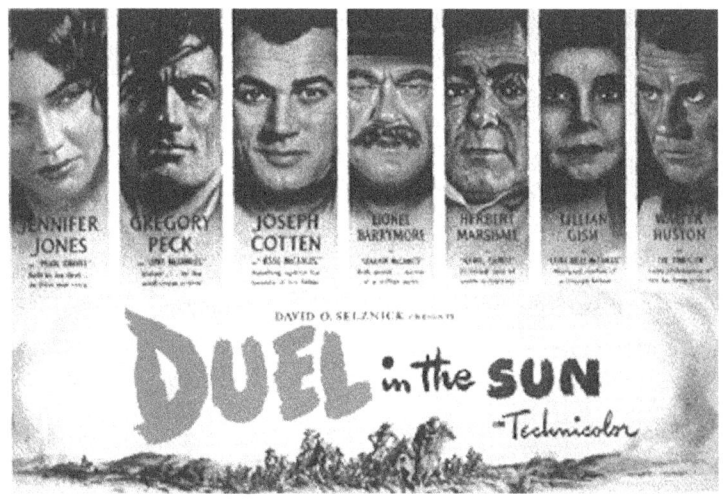

C
I
N
E

17

Director: King Vidor
Productor: David O. Selznick

Intérpretes:
JENNIFER JONES: Perla
GREGORY PECK
JOSEPH COTTEN

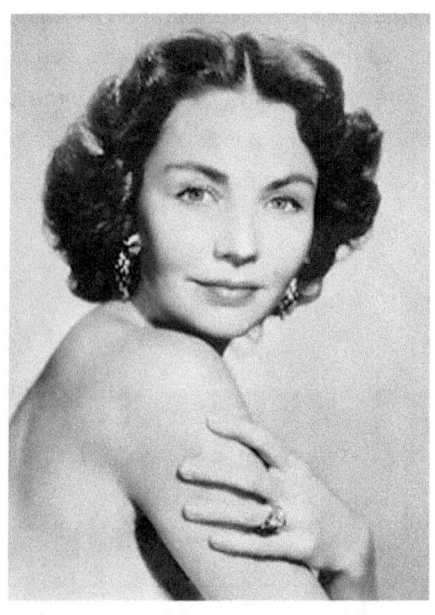

Duelo al sol estuvo considerado antaño como un filme lujurioso. Esta epopeya clásica occidental fue producida por David O. Selznick (quien falló en su deseo de hacer un equivalente a *Lo que el viento se llevó*) y contaba con propio guión, basado a su vez en la novela de 1944 de Busch Niven (el marido de la actriz Teresa Wright, quien al principio fue considerada para el papel de Perla).

Nos cuenta la historia de una mestiza sexualmente intensa que mantiene una conexión entre dos hermanos opuestos, uno bruto y otro refinado. La historia es tempestuosa, no menos intensa que el conflicto surgido entre Selznick y Vidor. De hecho, la película llegó a tener varios directores sin acreditar (Josef von Sternberg, William Dieterle, William Cameron Menzies, Otto Brower, Sidney Franklin)

D
I
O
S
A
S

D
E
L

C
I
N
E

y tres directores de fotografía (Lee Garmes, Hal Rosson, y Ray Rennahan). Todo ello ocasionó que esta aventura amorosa fuera la película más cara producida hasta la fecha (más de 5 millones de dólares del rodaje y más de 2 millones de la publicidad). Algunos críticos insistieron en que detrás de esa intensa publicidad se ocultaba un filme mediocre, excesivamente melodramático, además de su historia amoral. Quizá por eso solamente recibió dos nominaciones al Oscar, ambos en las categorías de interpretación: la Mejor Actriz (Jennifer Jones con su cuarta nominación) y como Mejor Actriz Secundaria para Lillian Gish. Otro nominado fue Dimitri Tiomkin (quien más tarde escribió la canción ganadora de un oscar "High Noon-Sólo ante el peligro" (1952).

El título de la película inspiró al clásico spaghetti western *Polvo de oro* (1984) con Tab Hunter.

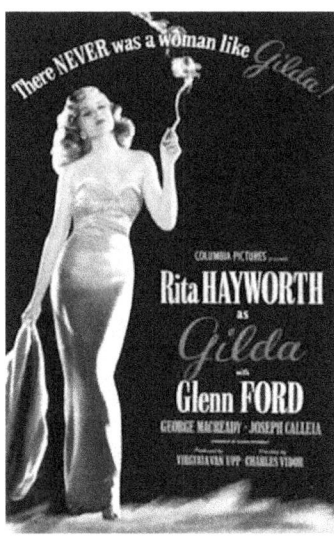

GILDA
Gilda (1946)

Director: Charles Vidor
Guión: Marion Parsonnet
Basado en la adaptación de "Jo Eisinger" de la historia original de:
E.A. Ellington
Fotografía: Rudolph Maté
Vestuario: Jean Louis

Intérpretes:
RITA HAYWORTH: Gilda
GLENN FORD: Johnny Farrell

19

GEORGE MACREADY: Ballin Mundson
JOSEPH CALLEIA: Obregon

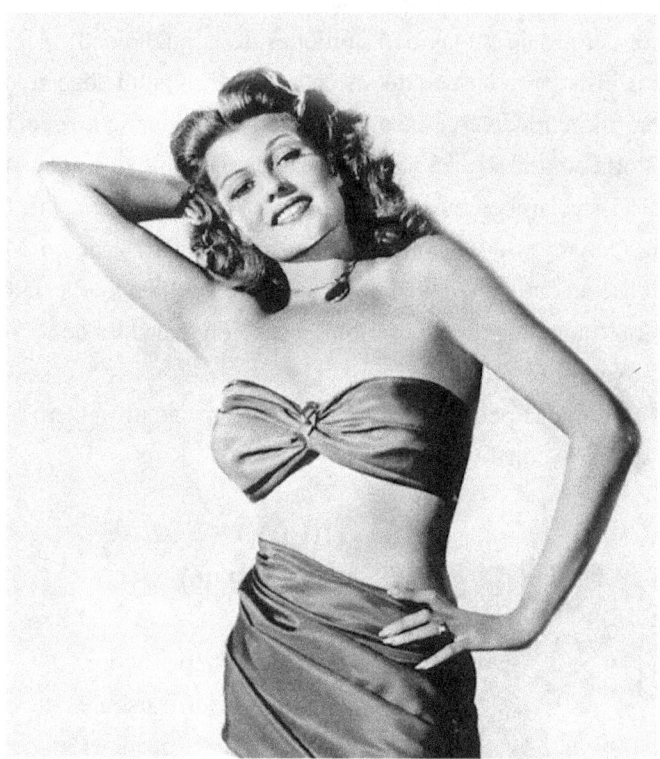

Johnny se nos muestra como un hombre amargado por causa de una mujer que le turbó con sus encantos y le estropeó su vida profesional. Ahora, refugiado en Buenos Aires, trata de ganar algún dinero jugando con incautos a quienes desvalija poco a poco. Un día, es asaltado en la calle, pero el dueño de un casino le ayuda con su pistola y al saber de sus desdichas le da un empleo en su local como guardaespaldas. Allí le espera la mayor de las sorpresas, pues

D
I
O
S
A
S

D
E
L

C
I
N
E

la mujer que le amargó su vida anterior es la esposa de su protector. Ella, que se confiesa enamorada todavía de Johnny, le persigue para reiniciar su relación sentimental, pero él es fiel a su jefe y la rechaza. La insistencia de ella se hace cada vez más frecuente, hasta que envueltos en una abrazo intenso reanudan su relación, justo cuando el marido les ve. Aturdido por la infidelidad de su esposa huye veloz en su coche, muriendo al estrellarse. Johnny decide dar un serio castigo a Gilda y se casa con ella para amargarla la existencia. Un poco rebuscada la solución, pero como la venganza se sirve con paciencia y en plato frío, nuestro amargado héroe consigue su propósito.

La historia es un clásico irrefutable, quizá demasiado melodramática, pero Rita Hayworth nos demostró que en esos años no tenía rival, con una figura que provocaba pasiones entre los hombres. Como muestra, realiza el mejor striptease de la historia (aunque deberíamos mencionar también el de Jane Fonda en *Barbarella*), pues sin desnudarse consigue despertar los instintos sexuales del más apático varón. Mientras canta "Put the Blame on Mame" (es la voz de Anita Ellis la que oímos), inmortaliza una manera de andar, un vestido, un nombre y una manera de desnudarse.

La película fue considerada por la censura de muchos países como "Gravemente peligrosa" y fue objeto de duras críticas por permitirse su exhibición. Las organizaciones "Acción católica", "Sección femenina" y la "Comisión episcopal", amenazaron con excomulgar a quienes fueran a verla. Hoy en día, cuando la vemos cómodamente sentados en nuestra casa, no comprendemos este escándalo, aunque hemos de reconocer que cuando la vimos siendo muy jóvenes estábamos convencidos que el demonio en persona nos llevaría al infierno nada más terminar la proyección.

21

EL CARTERO SIEMPRE LLAMA DOS VECES
THE POSTMAN ALWAYS RINGS TWICE (1946)

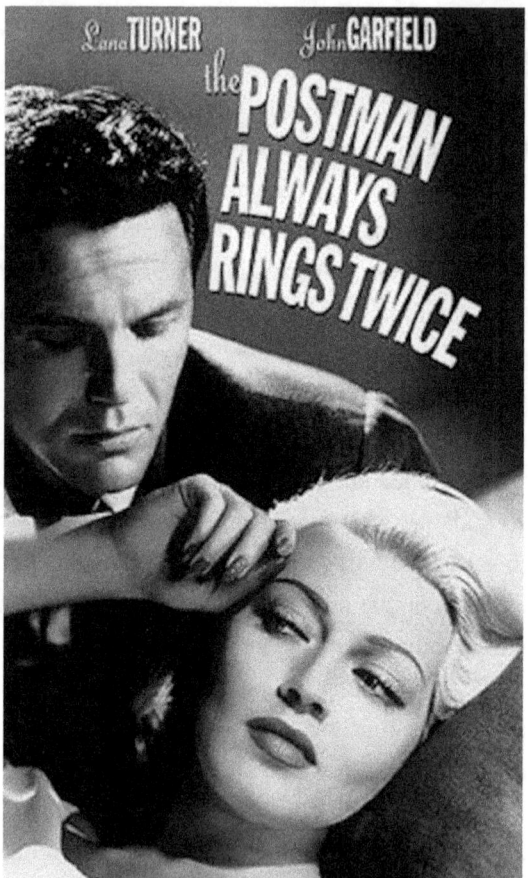

Director: Tay Garnett
Guión: Harry Ruskin, Niven Busch
Basada en una novela de: James Cain

D
I
O
S
A
S

D
E
L

C
I
N
E

D
I
O
S
A
S

D
E
L

C
I
N
E

Intérpretes:

LANA TURNER
JOHN GARFIELD
CECIL KELLAWAY

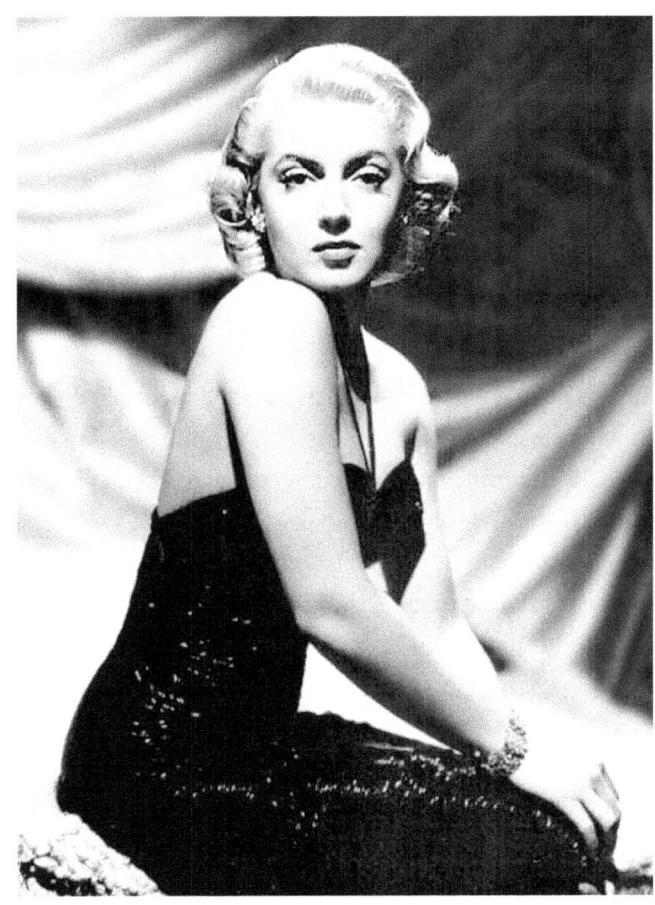

El Cartero Siempre Llama Dos veces (1946) es una de las mejores películas del cine negro de todos los tiempos, y uno de los primeros prototipos del género de suspense y erotismo. El guión estaba basado en la novela de James M. Cain publicada en 1934, un escritor famoso por sus historias llenas de pasiones prohibidas, triángulos de amor, sexualidad brutal, cruda, y el asesinato motivado por el adulterio. Dos películas anteriores, igualmente basadas en historias de Cain, habían tenido igualmente éxito de crítica y taquilla: *Double Indemnity* (1944) y *Mildred Pierce* (1945).

Esta película fatalista dirigida por Tay Garnett es la mejor interpretación de Lana Turner como mujer fatal y seductora. El filme fue anunciado en los carteles como una pasión ilícita entre un hombre y una camarera casada, insatisfecha sexualmente, ambientada en una cafetería al borde de la carretera: "Su amor era una llama que destruía" –decía la publicidad-. El asesinato del marido de la mujer en última instancia, conduce a la destrucción mutua de modo inesperado. Esta gran película, no obstante, no tuvo ningún premio de la Academia.

En esta ocasión se trataba de la tercera adaptación en la pantalla de la misma novela, siendo las dos anteriores *Dernier* de Pierre Chenal *(1939)*, rodada en Francia, y la obra de Luchino Visconti *Obsesión no autorizada (1942,* con cierto ajuste en el argumento por haber sido rodada en la Italia de Mussolini. Una nueva versión tuvo lugar en 1981, con escenas eróticas más explícitas entre Jack Nicholson y Jessica Lange.

BABY DOLL
(1956)

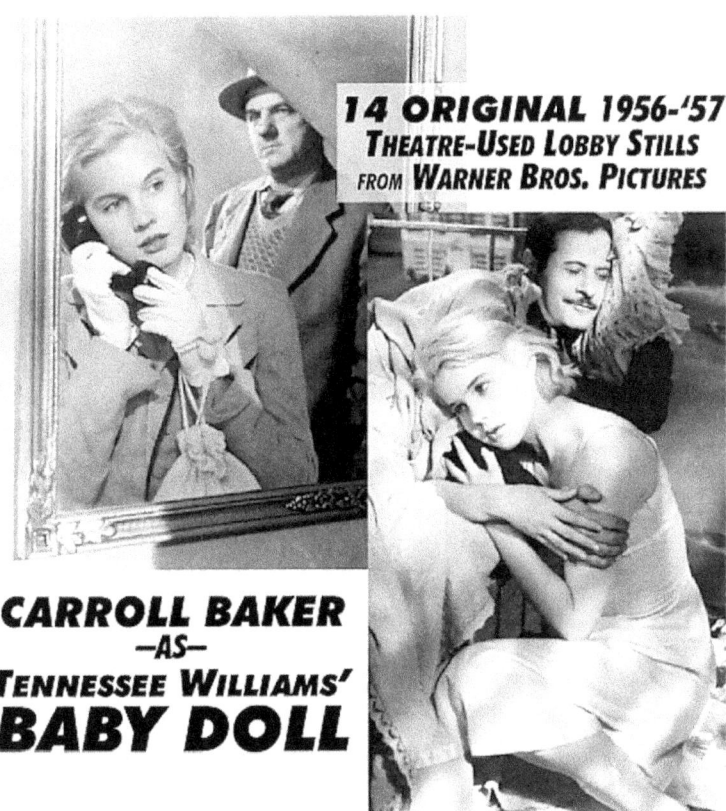

14 ORIGINAL 1956-'57
THEATRE-USED LOBBY STILLS
FROM **WARNER BROS. PICTURES**

CARROLL BAKER
—AS—
TENNESSEE WILLIAMS'
BABY DOLL

Director: Elia Kazan
Guión: Tennessee Williams
Música: Keyon Hopkins
Fotografía: Boris Kaufman

25

Intérpretes:
    KARL MALDEN: Archie
    CARROLL BAKER: Baby Doll
    ELI WALLACH: Silva

D
I
O
S
A
S

D
E
L

C
I
N
E

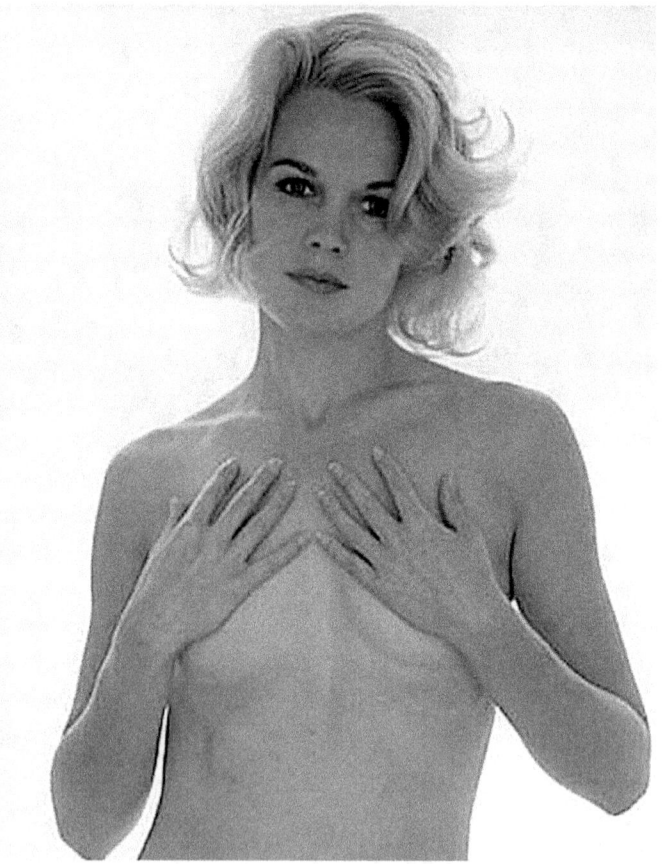

Han llamado a *Baby Doll* un filme importante, rebelde, sucio, lascivo, sugestivo, moralmente repelente y provocativo. La revista Time publicó la siguiente declaración: "Posiblemente nos encontra-

D
I
O
S
A
S

D
E
L

C
I
N
E

mos ante la película americana más sucia que ha sido exhibida legalmente..." Hasta tal punto saltó la polémica, que fue denunciada por la Liga de la Decencia y sus miembros obligaron a muchos teatros a cancelar su exhibición, aunque esto apenas si logró mermar la afluencia de los espectadores. El impacto de *Baby Doll* fue aumentado por sus diversos temas: descomposición moral, lujuria, represión sexual, seducción, erotismo infantil y corrupción del alma humana.

Su publicidad y carteles mostraban a una joven "Baby Doll " enroscada en un diván en una postura sugestiva, chupando su pulgar como una metáfora del impulso sexual juvenil. La joven actriz que interpretaba al personaje, Carroll Baker (25 años y en su segunda película), recibió el Premio de la Academia a la mejor actriz. Para conseguir que la historia fuera más auténtica, la mayor parte de ella fue filmada en Benoit, Mississippi. Lo cierto es que esta tragicomedia es uno de los filmes eróticos más intensos, al menos para nuestros abuelos.

Ganó un Globo de Oro al mejor director.

CON FALDAS Y A LO LOCO
SOME LIKE IT HOT (1959)

Director: Billy Wilder
Guión: Billy Wilder, I.A.L. Diamond

Intépretes:
MARILYN MONROE: Sugar
TONY CURTIS: Joe (Josephine)
JACK LEMON: Jerry (Daphne)

GEORGE RAFT: Spats
PAT O'BRIEN: Det. Mulligan

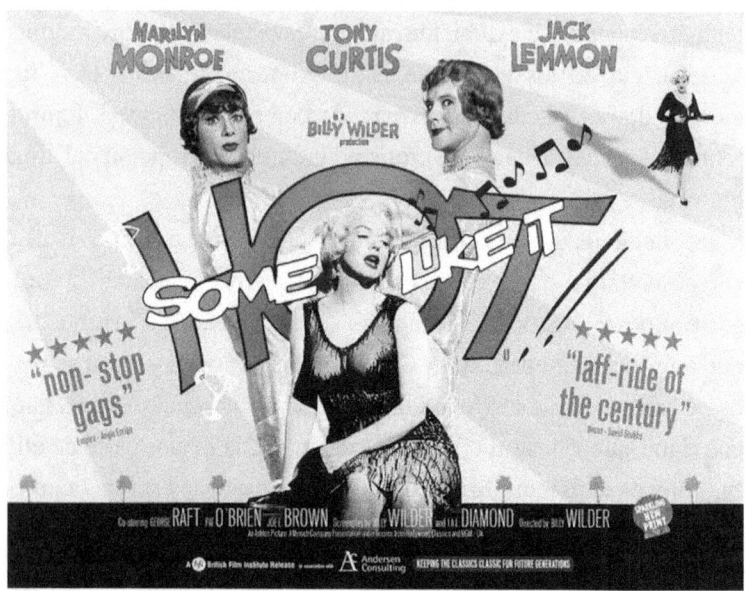

Este satírico filme es para muchos el mejor exponente del cine erótico en forma de comedia, una historia alegre que aún no ha podido ser superada. La película es obscena en numerosas ocasiones, pero también supone una combinación inteligente de muchos elementos: una burla del cine de gángsteres de los años 20 y 30, filmada con auténticos trajes de la época y decorados; el romance entre una guapa chica con un no menos guapo galán; numerosas escenas con identidades complejas y engañosas; papeles de invertidos sexuales y mucho travestismo. De hecho, uno de los temas principales de la película es el disfraz continuado de los protagonistas y la mascarada que deben suplantar esos dos músicos masculinos,

D
I
O
S
A
S

D
E
L

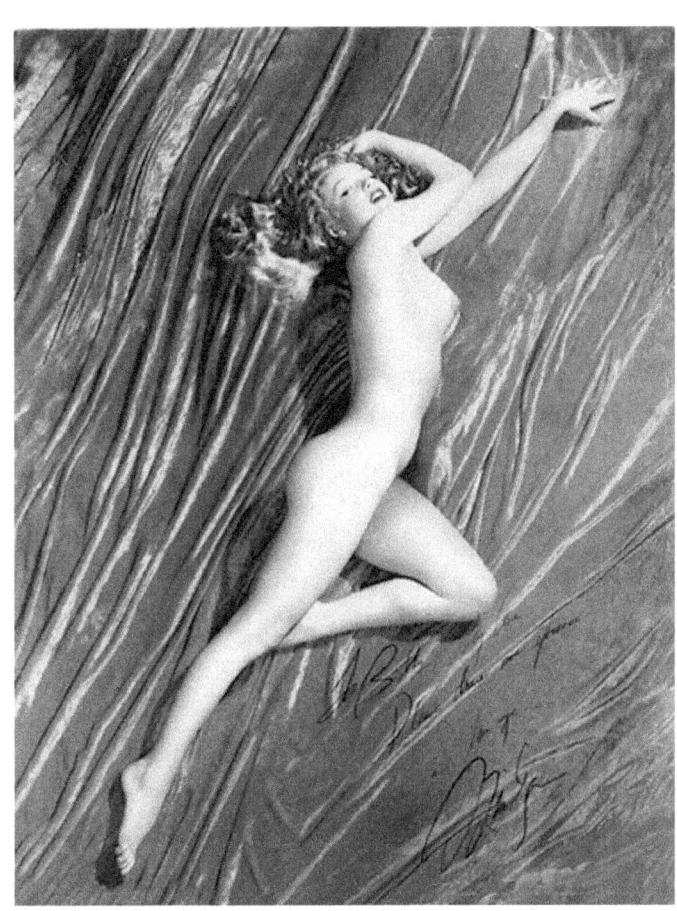

C
I
N
E

especialmente cuando Jerry es asediado por un jubilado rico que posee un yate.

Al estar rodada en blanco y negro, nos evoca mejor las antiguas películas, lo mismo que esa acción directa (por ejemplo, la persecución inicial en coche), las bufonadas, y esos chistes evocadores de los Hermanos de Marx y las comedias de Mack Sennett.

Parece ser que el título inicial previsto fue *¡Esta noche no, Josephine!,* inspirada en la respuesta que dio Napoleón Bonaparte rechazando hacer el amor con la Emperatriz Josephine.

Esta excepcional película consiguió una alta recaudación en el momento del estreno, siendo una de las películas de mayor éxito en 1959, y posiblemente es la comedia más graciosa de Wilder. Estaba basada en la comedia/musical alemana de Hoffmann *Fanfares of Love (1951)*, la cual giraba en torno a dos músicos de jazz en paro que se disfrazan como mujeres para conseguir dos semanas de trabajo en una orquesta femenina con destino a Florida, después de ser testigos de una matanza del hampa en Chicago.

Otras películas han tratado con acierto similar al travestismo como fondo: *Tootsie (1982), La Cage Aux Folles (1978) y Víctor o Victoria (1982),* y ahora sabemos que otra fuente de inspiración fue el musical *Sugar,* estrenado en Broadway en 1972.

Era la segunda película de Marilyn Monroe con el director Billy Wilder, con quien había realizado *La tentación vive arriba (1955)*. Hay numerosas historias incontables que han circulado en cuanto a su comportamiento inconstante, sus problemas de salud y sentimentales, sus faltas de puntualidad en el plató, sus dudas sobre sí misma, las numerosas veces que había que repetir por su causa las escenas, así como su inhabilidad para recordar el guión. La opción original de Billy Wilder para el papel de Sugar era Mitzi Gaynor, no Marilyn Monroe, y Danny Kaye y Bob Hope debían ser los dos varones protagonistas. El estreno preliminar de la película en diciembre de 1958 en un gran teatro de Los Ángeles, coincidió con el estreno de la obra de Tennessee Williams *De repente, el último verano.*

El filme desafiaba a la censura norteamericana, todavía sumamente poderosa en esos años, pero nos proporcionó una comedia

D
I
O
S
A
S

llena de insinuaciones alegóricas al sexo oral, el amor libre, las burlas de los estereotipos sexuales (bisexualidad, travestismo, androginia, homosexualidad, transexualidad, lesbianismo, e impotencia), así como unos vestidos sumamente sensuales de Marilyn Monroe, pródigos en insinuarnos su abultado pecho y sus redondas nalgas. Y para que no todo fuera jolgorio, tocan temas tan serios como la delincuencia, el alcoholismo, el paro, y el asesinato, entre otros.

Aunque fue nominada para seis oscars de la Academia, incluyendo al Mejor Actor (Jack Lemmon), Mejor Director, Mejor Guión Adaptado, Mejor Fotografía en Blanco y Negro, y Mejor Decoración, solamente consiguió el Oscar al Mejor Vestuario. Lamentablemente, tuvo que competir contra uno de los mayores ganadores en la historia de los Oscar, *Ben Hur (1959)*.

D
E
L

Y DIOS CREÓ A LA MUJER
ET DIEU CRÉA LA FEMME (1956)

Director: Roger Vadim

Intérpretes:
> BRIGITTE BARDOT: Julieta
> CURD JÜRGENS: Eric
> JEAN LOUIS TRINTIGNANT: Michael

C
I
N
E

Aunque para muchos supuso solamente una provocación para los espectadores más allá de la frontera francesa, lo cierto es que se trata de una película visualmente agradable. El color y la fotografía son excelentes, hay paisajes verdes y un mar brillante de fuerte

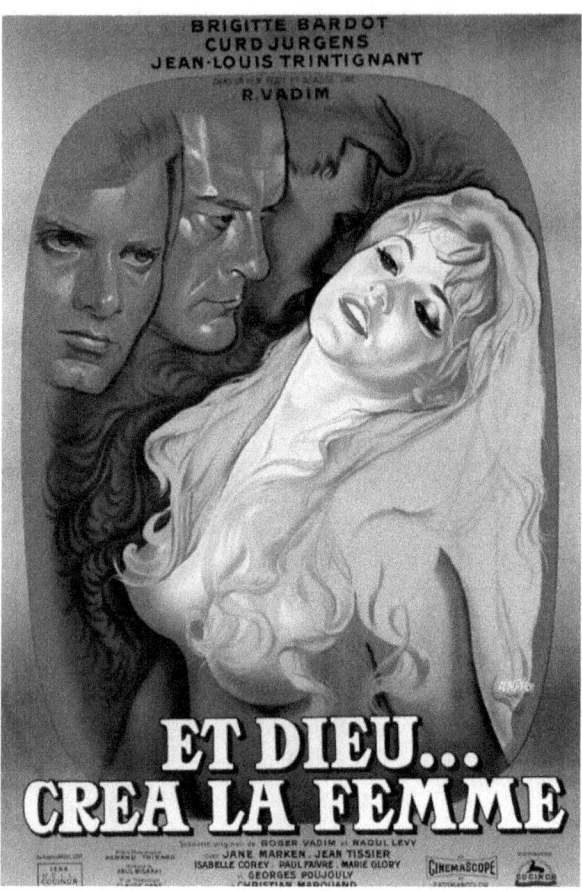

color azul, mientras que la interpretación es lo justo para no desentonar, aportando personajes menores con algunas buenas líneas.

El guión es sencillo, fácil de comprender, y hasta lo podríamos considerar divertido de vez en cuando. La película fluye como nunca antes lo había hecho una película extranjera. Es sensual, pero no tan erótica como nos habían dicho o prometido, al menos bajo las normas de ahora. Por eso puede ser decepcionante para las nuevas

D
I
O
S
A
S

D
E
L

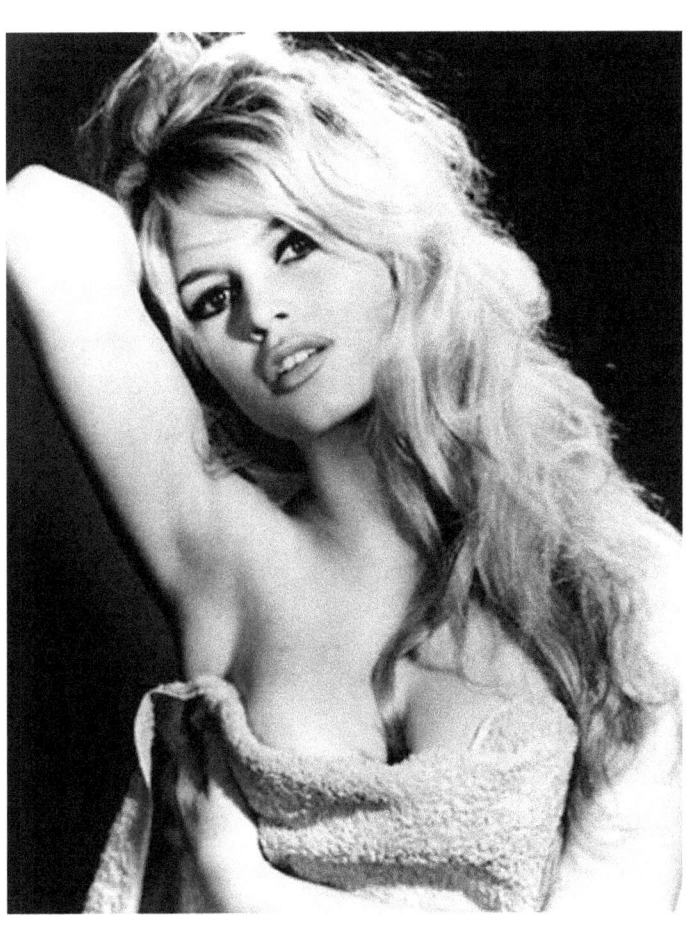

C
I
N
E

generaciones. De hecho, se la sigue considerando como la mejor exposición de la Bardot y sus desnudos, pero no se lleven a engaño. La podemos ver tumbada en la cama cubierta sólo por una hoja entre sus piernas y la cabeza de su amante sobre su pecho, fotografía que ocupó las páginas de las revistas en el momento del estreno del filme; pero era solamente una estratagema promocional.

33

De todas las actrices de aquellos años 50 y 60, Bardot era en términos físicos la más impresionante y la que mejor fotogenia tenía. Con una boca que rivalizaba en esplendor con la de Marilyn Monroe, su modo exquisito de trabajar cuando se mostraba desnuda, y un cuerpo que no dejaba vislumbrar ni un kilo de más (ni de menos), su papel como símbolo erótico estaba más que justificado.

LA DOLCE VITA
(1960)

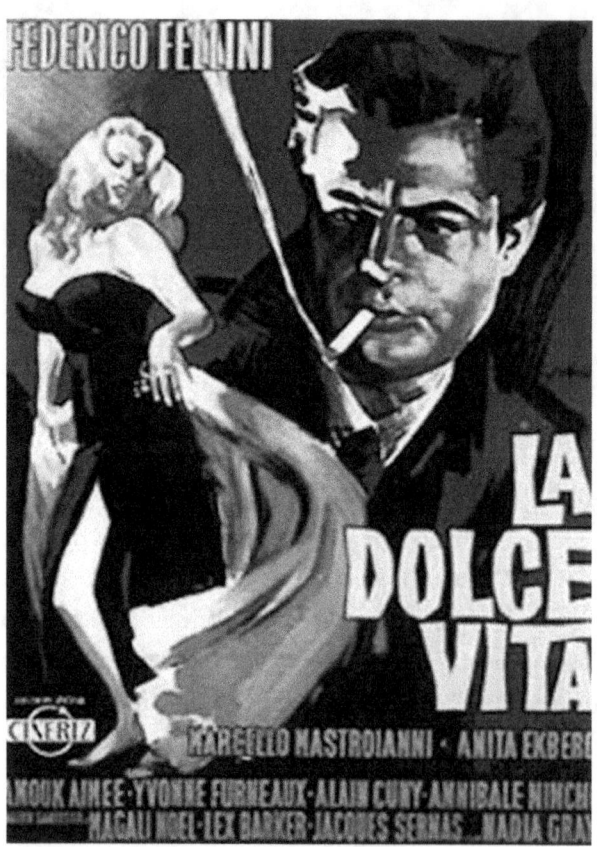

D
I
O
S
A
S

D
E
L

C
I
N
E

Director: Federico Fellini

Intérpretes:
    MARCELLO MASTROIANNI: Marcello
    ANITA EKBERG: Sylvia
    ANOUK AIMÉE: Magdalena

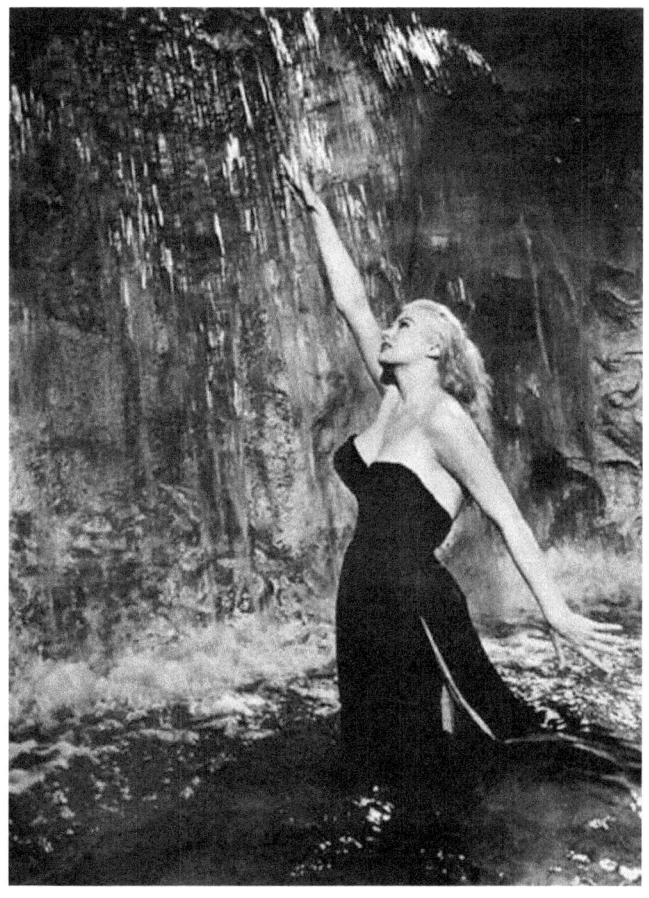

D
I
O
S
A
S

D
E
L

C
I
N
E

Si es de quienes piensan que el cine debe ser ante todo un arte le recomendamos que vea esta película; además se entretendrá. No es como *El Año pasado en Marienbad, el Séptimo Sello,* o *Los 400 Golpes,* etc. Véala sin problemas puesto que lo pasará bien. Si además le gustan las historias desafiantes, más que una simple evasión, nuevamente le gustará.

Podríamos considerarla como una película diferente para gente diferente. Ahora se la considera un clásico, y quizá sea la razón por la cual apenas encuentra un público entre las estanterías de DVDs.

Para simplificar el comentario: si quiere valorarla le deberá gustar el cine, no el puro jolgorio. Si su gozo se decanta mejor por *Titanic,* o *Armageddon,* cambie de acera. El filme es largo, e intenta mostrar algo más que un complot trillado sobre algunas personas simples. Es una exploración hermosa sobre la vida vulgar, e intenta sugerirle que dedique más tiempo al puro pensamiento. Por eso a muchos no les ha gustado. En ocasiones parece que el guionista se fue a tomar un café capuchino, pero justo entonces la historia gana belleza.

¿Hay erotismo? Bueno, una hermosa chica bañándose desnuda en la Fontana di Trevi, siempre es erótico, pues nos esperamos que se quite cuanto antes la mojada ropa. Véanla y sabrán si finalmente se desnudó.

Ganó el premio Palma de Oro en el festival de Cannes.

DIOSAS DEL CINE

ESPLENDOR EN LA HIERBA
SPLENDOR IN THE GRASS (1961)

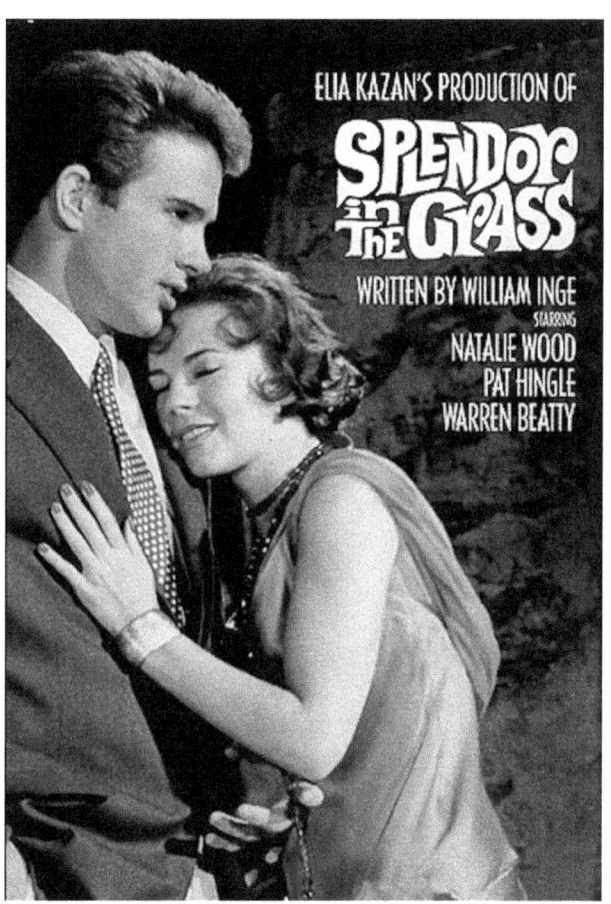

Director: Elia Kazan
Guión: William Inge
Música: Boris Kaufman

Intérpretes:
    NATALIE WOOD
    WARREN BEATTY
    PAT HINGLE
    AUDREY CHRISTIE

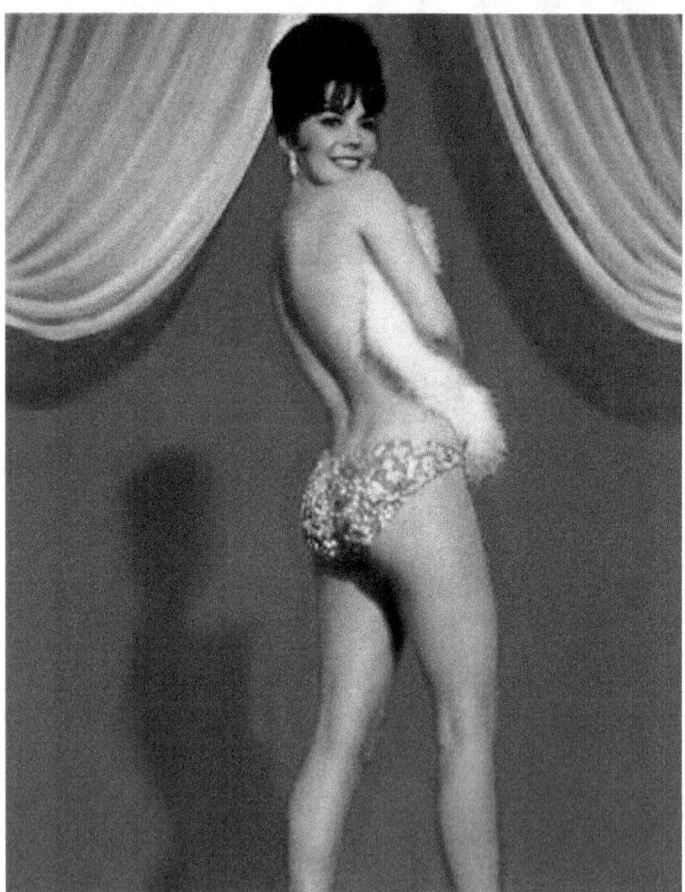

D
I
O
S
A
S

D
E
L

C
I
N
E

Esplendor en la Hierba es otra obra maestra del director Elia Kazan, dramática, compleja, con diálogos para recordar, y un contenido global atrevido y polémico, especialmente cuando trata la represión sexual y la neurosis. La película roza el melodrama trágico, algo habitual en el dramaturgo (premio Pulitzer) William Inge, siendo esta la primera historia que escribió directamente para la pantalla, recibiendo una nominación a la Mejor Historia Original y Guión.

El período de tiempo transcurre durante el final de los años 20 y principios de los 30, en el comienzo de la Gran Depresión, especialmente desastrosa en el ambiente rural de Kansas. Ello coincide con la intensidad de un primer amor y las consecuencias devastadoras de la sexualidad reprimida en un par de adolescentes golpeados por el amor. La publicidad insistía en esos nuevos sentimientos, algo espantosos por la intensidad de las sensaciones y que son reprimidos por la sociedad adulta del momento.

Les recuerdo la famosa cita:
Aunque nada pueda devolver la hora del esplendor en la hierba,
de la gloria en las flores,
no hay que afligirse,
pues siempre la belleza subsiste en el recuerdo.

Un sutil humor y la historia de esa relación tempestuosa entre dos desgraciados jóvenes, con los habituales problemas que conlleva su edad, especialmente el brusco despertar de la sexualidad, es conducida con buen ritmo por Kazan, aunque para él nunca fue una de sus películas preferidas.

Las presiones paternales, la confusión, las coacciones sociales y las diferencias de clase, les impiden a los protagonistas consumar su amor y su unión, pues los valores de la civilización no parecen adecuados para un romance tan sensible.

En esta versión moderna de Romeo y Julieta, Warren Beatty consiguió su triunfo en la pantalla, después de haber fracasado en Broadway, siendo apoyado magistralmente por Natalie Wood, más dulce que nunca, recibiendo ella una nominación como la Mejor Actriz (el segundo de tres nominaciones). Resulta irónico que el yate en el cual moriría en 1981 se denominara Esplendor.

LOLITA
(1962)

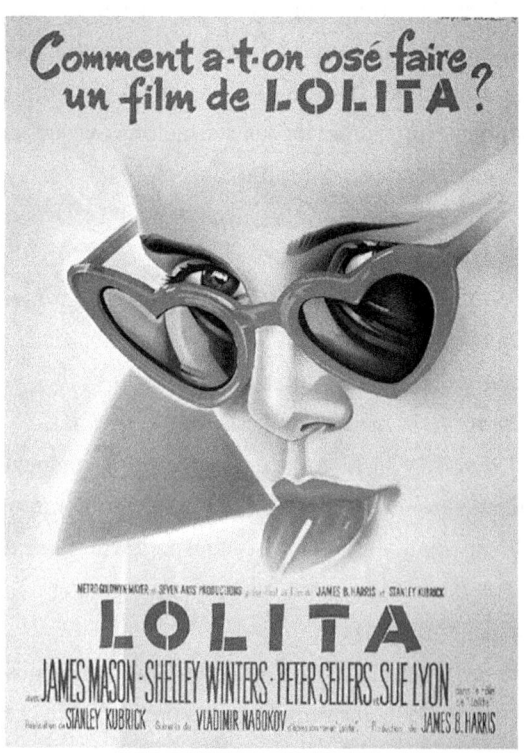

D

Director: Stanley Kubrick
Guión: Vladimir Nabokov

I

Intérpretes:

O

JAMES MASON: Humbert
SHELLEY WINTERS: Charlotte
SUE LYON: Lolita

S

A

S

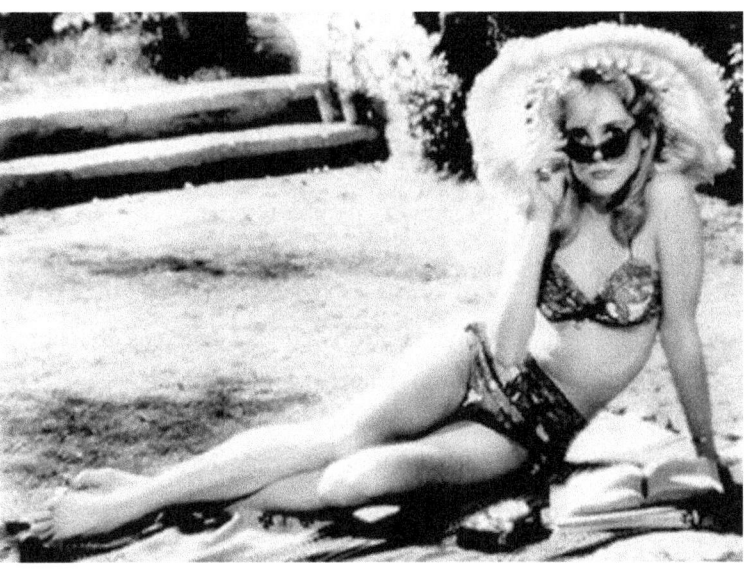

D

E

L

C

Lolita era la sexta película de Stanley Kubrick, consiguiendo una
adaptación brillante de la novela de Vladimir Nabokov, una obra

I

polémica sobre una obsesión sexual insólita, con un hombre de
mediana edad enamorado de una muchacha precoz y seductora. El

N

libro fue prohibido en París entre 1956 y 1958, y no fue publicado
en su totalidad en EE.UU. y el Reino Unido hasta 1958. La edad de

E

Lolita en la novela fue aumentada posteriormente desde los 12 años

41

hasta los 14 ó 15, quizá porque todavía estaba en la mente el matrimonio del actor Charlie Chaplin con Mildrey Harris, una actriz que tenía 17 años cuando se quedó embarazada, y que solamente una boda apresurada impidió que fuera acusado de corrupción de menores.

El humor negro y la historia dramática sobre la lujuria perversa de esa joven, se incrementaron por la presencia de un profesor maduro de literatura en una aureola de incesto. Más que una película de sexualidad abierta y desnudos, su contenido es sobre todo sugestivo, con numerosas situaciones sexuales metafóricas. Los actores a los que ofrecieron o consideraron que podían representar el papel de un hombre de mediana edad que se deja seducir por una jovencita, fueron Cary Grant, Laurence Olivier, Rex Harrison, y David Niven.

La producción del filme, la primera de las películas de Kubrick producidas por separado en Inglaterra, estuvo centrada en encontrar la "Lolita" apropiada, aunque Kubrick se decidió por una rubia de ojos azules llamada Sue Lyon, una actriz de televisión que tenía catorce años cuando se terminó el rodaje, y casi 16 cuando la película fue exhibida.

La idea de que fuera el propio Nabokov quien escribiera el guión de su novela, obligó a Kubrick (junto con el co-productor James B. Harri) a reformar varias veces el texto, más que nada por las frecuentes amenazas de censura a cargo de la oficina que regulaba la moral de las películas. Los carteles de publicidad de la película mostraban a una jovencita seductora llevando gafas de sol en forma de corazón y lamiendo un pirulí rojo. Eso les debía parecer perverso hace años, pero ahora las valoraciones han cambiado bastante,

D
I
O
S
A
S

D
E
L

C
I
N
E

esencialmente porque ahora las jovencitas ya no chupan caramelos fálicos.

La película recibió sólo una nominación al Mejor Guión Adaptado (acreditado a Vladimir Nabokov), que perdió el Oscar a favor de *Matar a un ruiseñor*. También recibió cinco nominaciones a los Globos de Oro al Mejor Director (Kubrick), el Mejor Actor Dramático (Mason), la Mejor Actriz Dramática (Winters), Mejor Actor Secundario (Sellers) y un triunfo para la estrella del año más prometedora (Lyon). Este premio sabemos que fue infundado, pues el paso de los años demostró que apenas si había sitio para ella en el cine. La novela de Nabokov fue adaptada de nuevo posteriormente en 1997, dirigida por Adrián Lyne, e interpretada por Jeremy Irons, Melanie Griffith, Dominique Swain (en el papel de Lolita), y Frank Langella.

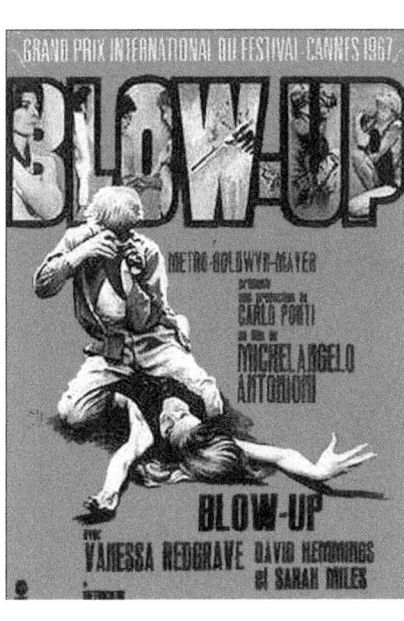

BLOW-UP
(1966)

Director: Michelangelo Antonioni

Guión: Michelangelo Antonioni, y Tonino Guerra en colaboración con Edward Bond

Basada en un relato de Julio Cortázar

Intérpretes:

DAVID HEMMINGS

VANESSA REDGRAVE

SARAH MILES

JANE BIRKIN

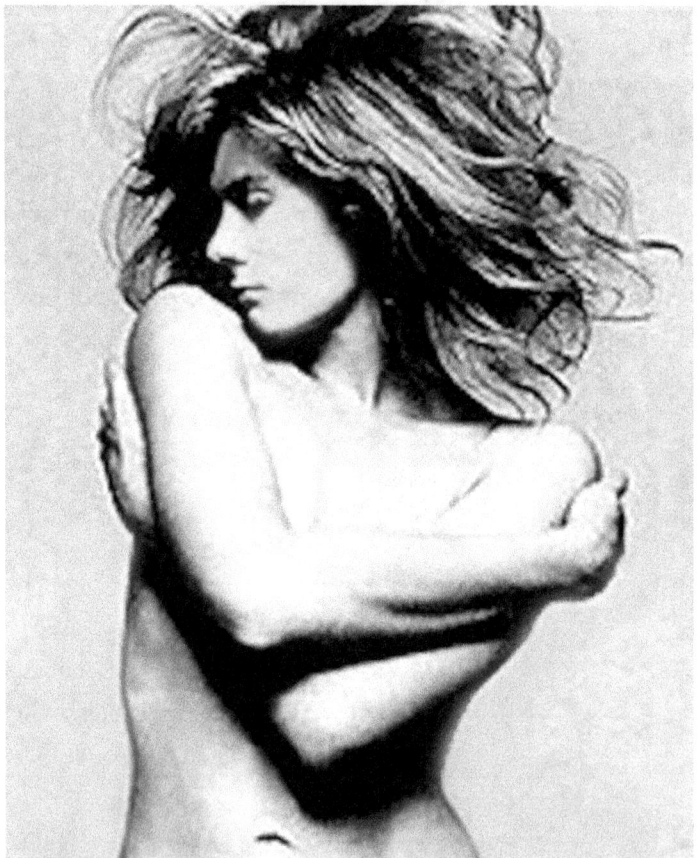

Michelangelo Antonioni siempre nos da la impresión de ver el mundo a su manera, y ahora, en esta su primera película en inglés

D
I
O
S
A
S

D
E
L

C
I
N
E

esta apreciación se consolida. Se podría considerar como una de las películas más importantes de su década, con una actitud claramente liberadora hacia la desnudez y la sexualidad. La película fue denominada para dos Oscar: el Mejor Director, y el Mejor Guión Original (Edward Bond, Michelangelo Antonioni, y Tonino Guerra). Un hombre desengañado de la vida, un fotógrafo anarquista dedicado a la moda (David Hemmings), vive en Londres una vida de excesos (riqueza, fama, y mujeres), pero ello le conduce al aburrimiento con su propio trabajo. Entonces recurre a la fotografía en el estilo documental, tratando de mostrar el lado sórdido de la vida en Londres, especialmente en los bajos fondos.

Con inocencia, toma fotos sinceras en un parque desierto, captando la relación de un romance entre una mujer que lleva un pañuelo (Vanessa Redgrave) y un hombre de mediana edad, vestido con un traje gris. Ella le persigue para pedirle las fotos ilícitas, pero él no acepta dárselas al considerar que no ha plasmado ninguna escena puramente sexual. Lo que no se da cuenta entonces es que acaba de conseguir la evidencia visual de un crimen.

BELLE DE JOUR
(1967)

Director : Luis Buñuel

Intérpretes:
    CATHERINE DENEUVE: Séverine
    JEAN SOREL: Pierre
    MICHAEL PICCOLI: Henri
    GENEVIÉVE PAGE: Madame Anais

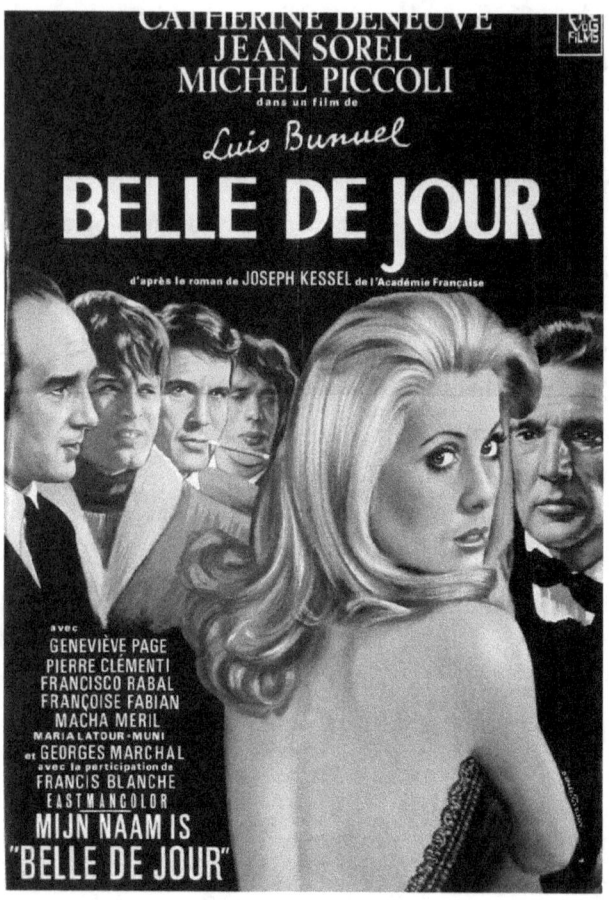

Belle de Jour era la primera incursión de Buñuel en el empleo del color, y lo empleó con gran efecto. Desde los colores en las escenas de paisaje, a las sombras sutiles en la ropa de Deneuve, y los contrastes muy acertados. El filme fue retenido durante muchos años debido a problemas de derechos de autor, pero finalmente mostrado íntegramente de nuevo en 1995 gracias a los esfuerzos del director Martin Scorsese, y vendido en DVD en 2003.

D
I
O
S
A
S

D
E
L

C
I
N
E

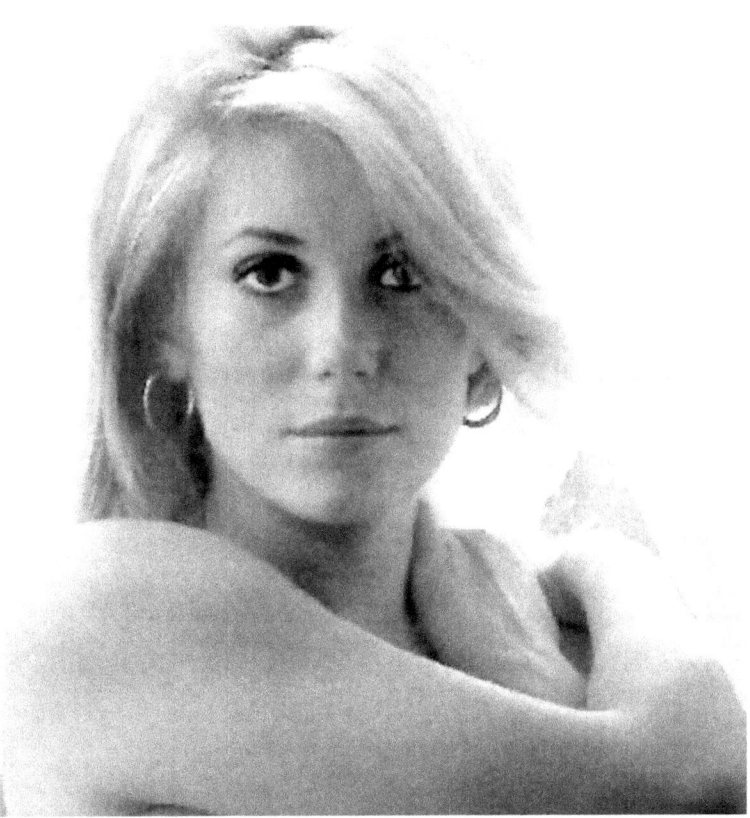

Se trata de película intensamente erótica sin ningún desnudo explícito, pero que no ha perdido ningún interés con el paso de los años. Como la historia está llevada muy discretamente y sin apenas escenas sexuales reales, deja todo a la imaginación del espectador, lo cual sirve para aumentar el misterio y el interés en cada escena. El espectador también adquiere cierto sentido de ser un mirón en la vida secreta de Severino, gracias a una coreografía cuidadosa y ángulos de cámara que contribuyen a que nos sintamos unos intrusos.

A *Belle de Jour* le concedieron el León de Oro en el festival de Venecia de 1967, así como el premio a la Mejor Película Extranjera de 1968, otorgado por el Círculo de Críticos de Cine de Nueva York.

La historia nos muestra a una hermosa joven casada con un médico. Ella ama a su marido, pero no puede tener relaciones sexuales íntimas con él. Para desahogarse tiene fantasías muy vivas y eróticas, y eventualmente ejerce como prostituta trabajando en un burdel, mientras permanece casta en su matrimonio.

Para muchos, *Belle de Jour* es considerada la obra maestra de Luis Buñuel; una sorprendente revelación y quizá una empresa personal en el mundo de erotismo y sus desviaciones.

EL GRADUADO
THE GRADUATE (1967)

Director: Mike Nichols
Guión: Calder Willingham, Buck Henry
Canción de Simon & Garfunkel

Intérpretes:
 DUSTIN HOFFMAN
 ANNE BANCROFT
 KATHARINE ROOS
 RICHARD DREYFUSS

El Graduado fue una de las películas de los años 60 que abrió un nuevo cine, tratando de socavar algunos cimientos familiares que nadie se había atrevido antes a mostrar. La película es una sátira cortante sobre los estudiantes y sus costumbres, justo en un momento

D
I
O
S
A
S

D
E
L

C
I
N
E

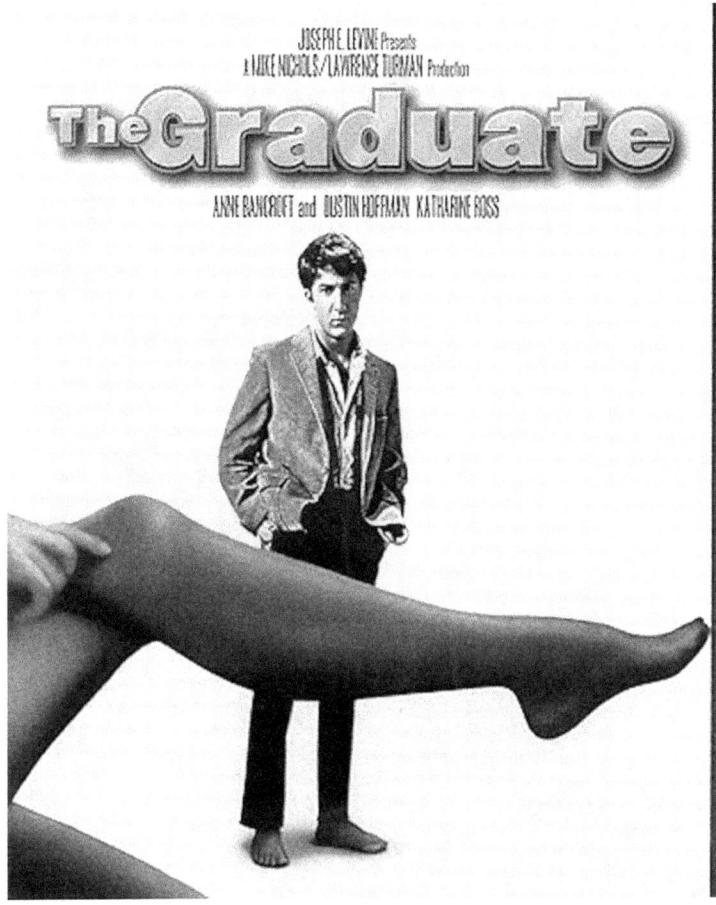

en el cual el cambio de la juventud era más intenso. Las costumbres sociales y sexuales de los años 60 estaban provocando no pocas confrontaciones familiares, y estos acontecimientos comenzaban a quedar reflejados en el cine de Hollywood, quizá todavía demasiado puritano.

Mike Nichols, quien acababa de tener un gran éxito dirigiendo *¿Quién teme a Virginia Wolf?* (1966), redondeó su popularidad al

con-

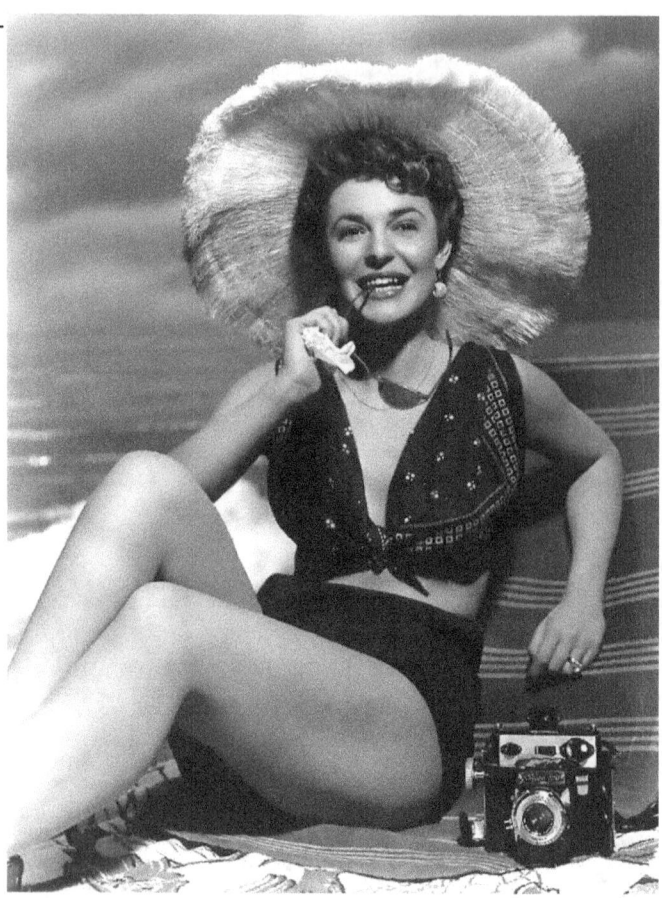

seguir un Oscar al Mejor Director, además de siete nominaciones más.

El tema de una juventud inocente y confusa, marginada por los adultos, mal encauzada, seducida (literalmente y en sentido figurado), traicionada por los corruptos, decadente, y desacreditada por la generación anterior (que se encuentra cómoda con la ausencia de cambios), fue bien entendida por el público. Uno de los carteles de la película proclamó lo difícil que resulta graduarse en la universidad sin ser todavía adulto. Las dos generaciones diferentes también quedan reflejadas en otras dualidades: las dos mujeres rivales (Elaine, la hija joven e inocente, y la seductora Sra. Robinson). Ellas viven en Los Angeles y Berkeley, chocando entre lo materialista y lo intelectual, divididas aún más a causa del personaje de Benjamín (moralmente a la deriva e indeciso por los compromisos).

Parte del popular éxito también se debió al magnífico tema del dúo Simon y Garfunkel, *Mrs. Robinson*, quienes ya habían ganado un Grammy por su álbum *Los sonidos del silencio*.

La película se estrenó en el London's Gielgud Theatre, y luego hubo un remake en Broadway en abril de 2002, con Kathleen Turner en el papel de la Sra. Robinson, con Jason Biggs y Alicia Silverstone en otros papeles principales.

Warren Beatty, Charles Grodin, Robert Redford y Burt Ward fueron propuestos todos para el papel de Benjamín, y Patricia Neal y Doris Day deberían interpretar a la Sra. Robinson.

BARBARELLA
(1968)

Productor: Dino DeLaurentis
Argumento: Jean Claude Forest, Terry Southerm, Roger Vadim.
Efectos especiales: Augie Lohman
Director: Roger Vadim

Intérpretes:
    JANE FONDA: Barbarella
    JOHN PHILLIP: Law Pygar

ANITA PALLENBERG: Black Queen
UGO TOGNAZZI: DurandDurand.

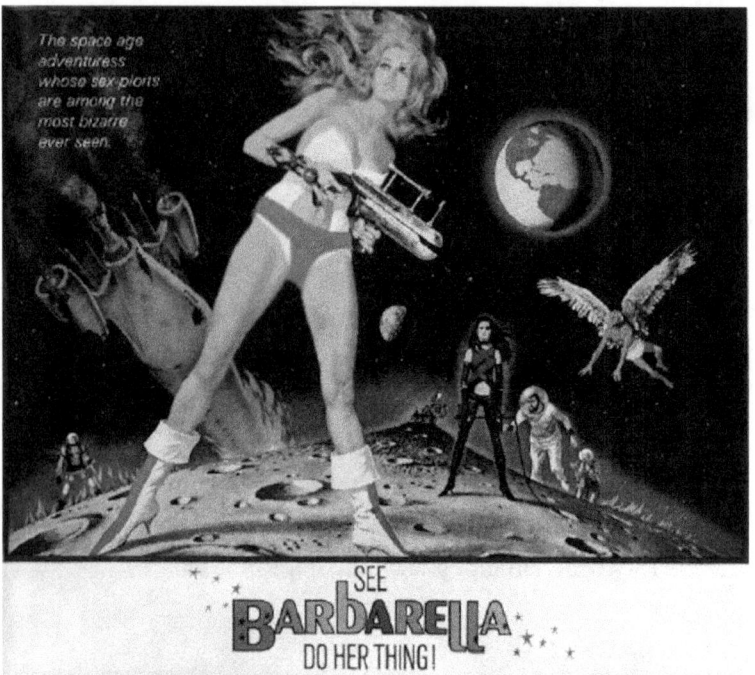

Es posible que los primeros minutos del film en los que Jane Fonda realiza uno de los mejores strip-tease de la historia del cine, sean la parte más interesante de la película y es por eso que les recomendamos que no se los pierdan. Aunque posteriormente Jane Fonda renegó de esta película creemos que le debe a *Barbarella* todo lo que fue posteriormente, ya que sin este estupendo lanzamiento publicitario le hubiera sido mucho más difícil destacar en el mundo del cine, aunque su padre fuera Henry Fonda. Una vez que superamos la escena primera del desnudo espacial de Barbarella flo-

D
I
O
S
A
S

D
E
L

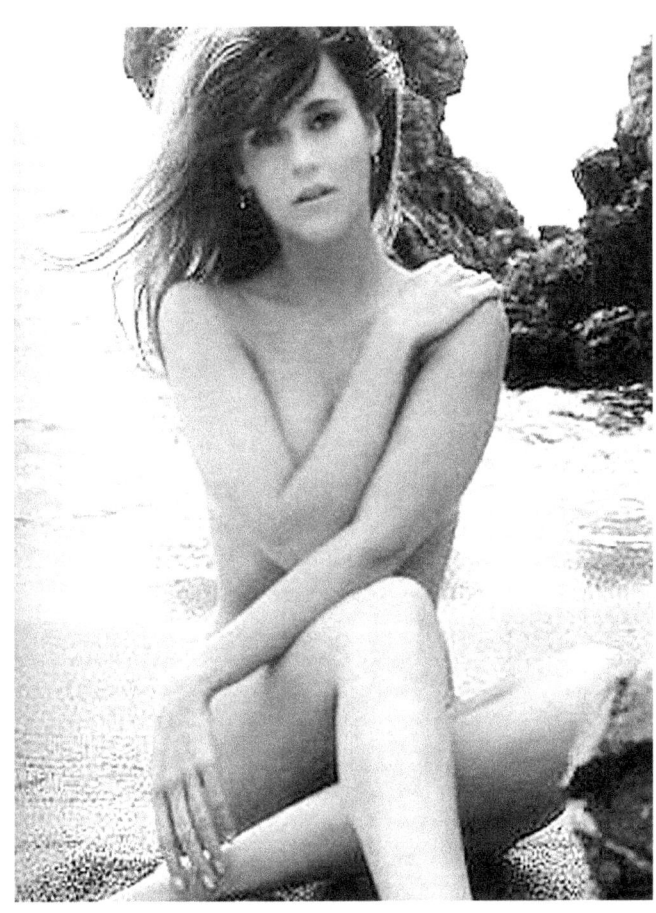

C
I
N
E

tando en el aire, podríamos pensar que la película navega en una especie de delirio sin control, pero el tiempo termina por hacer justicia y hoy la podemos considerar un clásico del cómic adaptado al cine.

Tiene una música increíble, original, y unos decorados que llaman poderosamente la atención del espectador por su colorido y personalidad. Esta película es un estupendo recreo para la vista, siempre y cuando nos guste el cómic y deseemos ver eso, un cómic llevado a la pantalla.

VIXEN!
(1968)

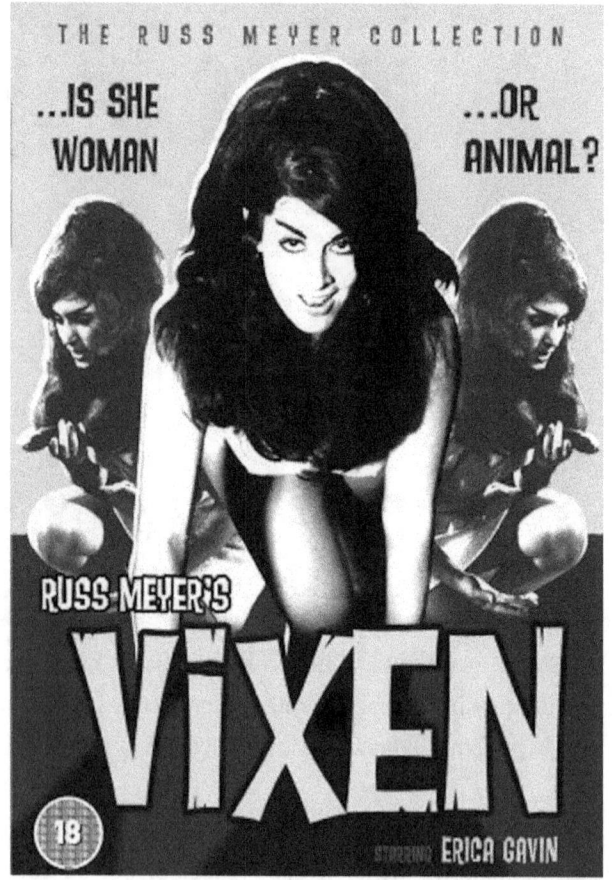

Director: Russ Meyers

Intérpretes:
ERICA GAVIN: Vixen
GARTH PILLSBURY: Tom
HARRISON PAGE: Niles

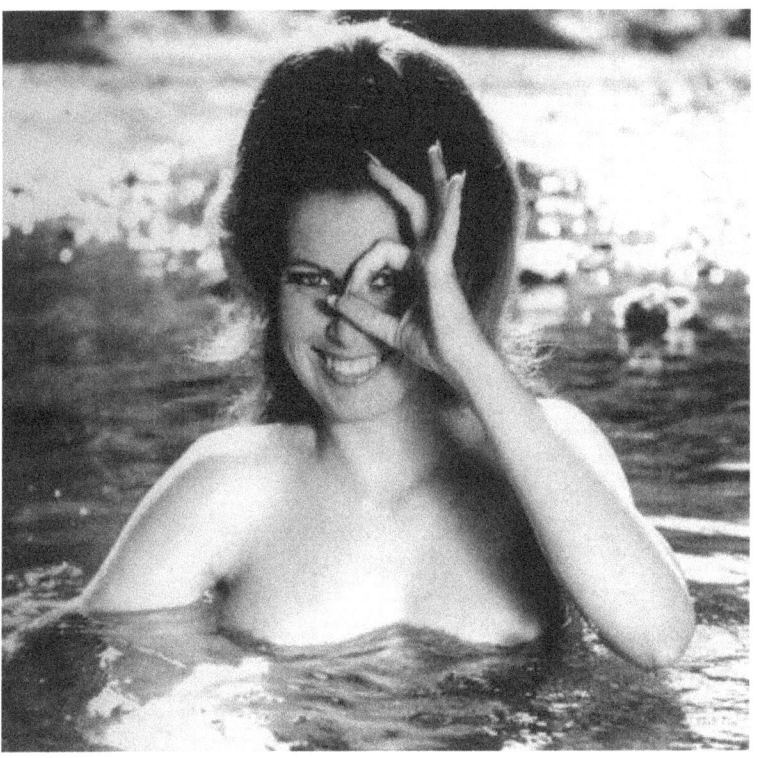

Esta película de Russ Meyer fue una de las primeras que recibió la clasificación X por la recién formada MPAA'S. En ese momento había historias en el cine mucho más intensas sexualmente, pero le tocó a ésta sufrir la censura.

Erica Gavin es una mujer sexualmente voraz que vive en Canadá con su marido. Durante la película la vemos haciendo el amor con él, pero pronto otra pareja entra en sus vidas, incluso literalmente. Bueno, pues una vez que hemos sintetizado el guión, le recomendamos que no pierda más el tiempo con este filme.

MUJERES ENAMORADAS
WOMEN IN LOVE (1969)

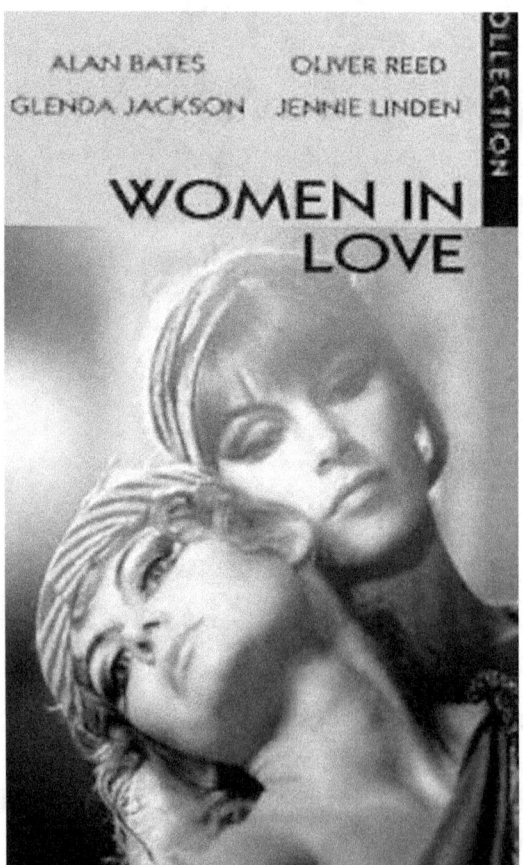

DIOSAS DEL CINE

Director: Ken Russell

Intérpretes:
ALAN BATES: Rupert Birkin
OLIVER REED: Gerald Crich
GLENDA JACKSON: Gudrun Brangwen

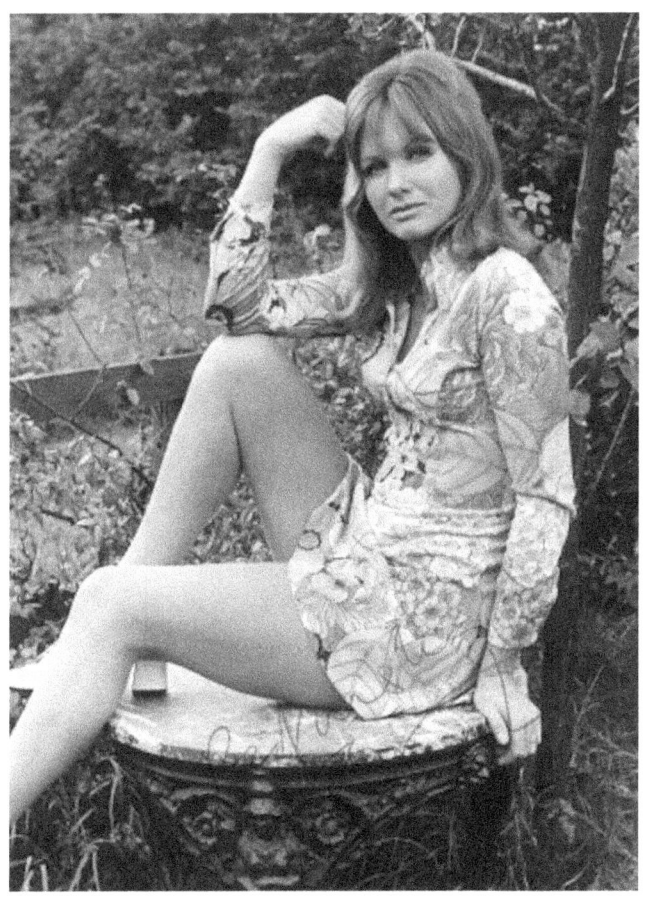

D
I
O
S
A
S

D
E
L

C
I
N
E

El nombre de Ken Russell siempre ha sido sinónimo de extravagancia cinematográfica y exceso, aunque en realidad dirigió algunas de las adaptaciones más apasionadas que recordamos. Oliver Reed y Alan Bates son dos amigos que se enamoran de un par de hermanas (Jennie Linden y Glenda Jackson, quien ganó el Oscar por este papel); pero las relaciones toman direcciones notablemente diferentes, y esa diferencia es plasmada adecuadamente por Russell, quien explora la naturaleza del compromiso y el amor. Bates y Linden aprenden a entenderse el uno al otro; mientras que Reed, finalmente, no puede adaptarse con las exigencias de una Jackson provocativa.

La gran sensualidad que emana *Mujeres enamoradas* es sorprendente para la época en la cual fue rodada, e incluye una de las escenas más intensas en la historia del cine.

LA NARANJA MECÁNICA
A CLOCKWORK ORANGE (1971)

Director: Stanley Kubrick

Intérpretes:
  MALCOLM MCDOWELL
  PATRICK MAGEE
  MUCHAEL BATES
  ADRIENNE CORRI

Ciencia-ficción, violencia, sexo y estudio psicológico del comportamiento humano, son ingredientes que, hábilmente mezclados, proporcionan una película que difícilmente se puede olvidar.

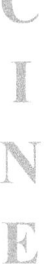

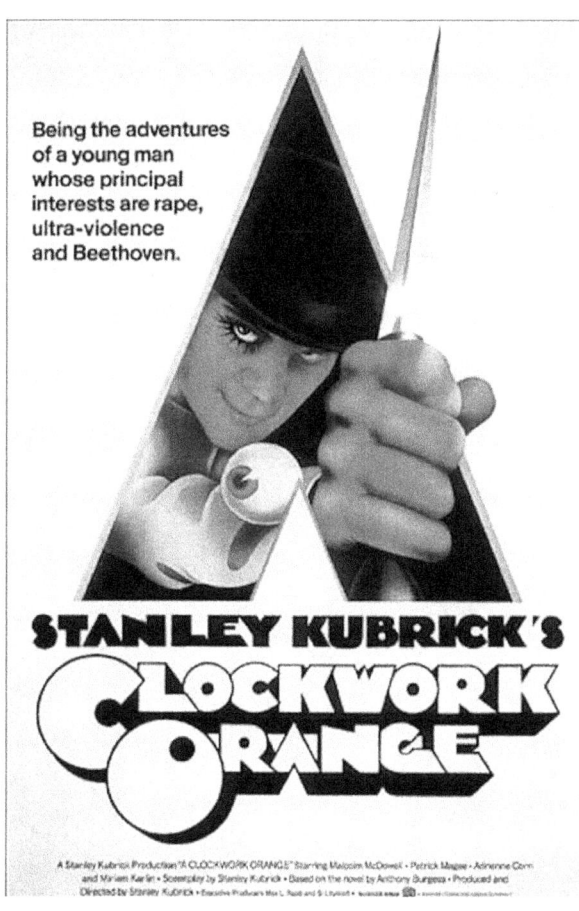

Repulsiva en muchas escenas, hasta el punto que nos preguntamos porqué la hemos visto varias veces si nos desagrada en su historia. Paradójicamente, la buena dirección de Kubrick logra convertirla en casi una obra maestra.

En una futurista Gran Bretaña, Alex y sus amigos (realmente una banda de jóvenes delincuentes), salen cada noche para disfrutar de su sentido violento de la diversión, además de saciar su apetito

59

sexual violando a indefensas mujeres. Pero Alex es traicionado por sus amigos y entregado a la policía, la cual lo lleva a una prisión de alta seguridad donde tiene que pasar una larga temporada. Allí un aprendiz de psicólogo ha elaborado una teoría con la cual un delincuente sexual puede sentir repulsión por las agresiones y las violaciones. La estúpida teoría asegura, además, que la conversión al buen camino tendrá lugar en apenas dos semanas de tratamiento. Afortunadamente sus anteriores víctimas no han olvidado sus crímenes y pronto harán venganza.

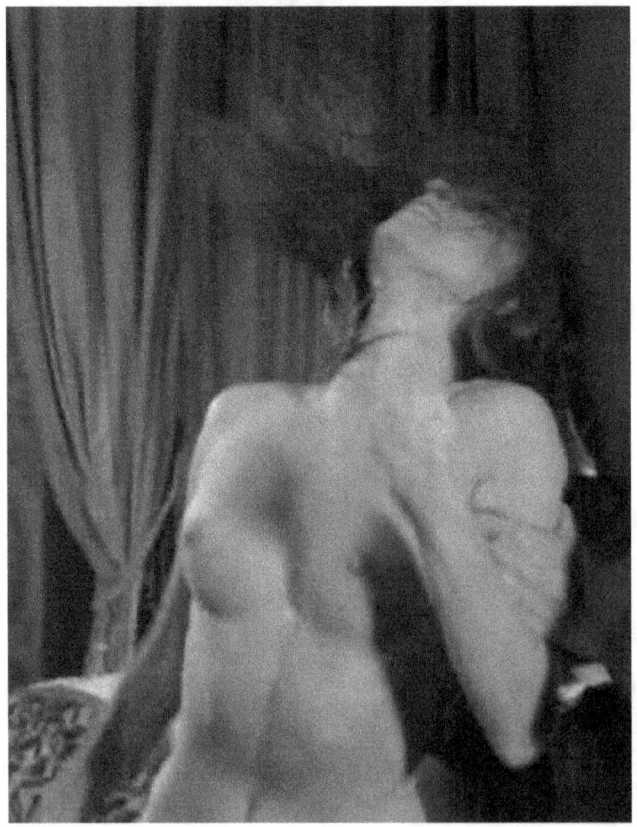

D
I
O
S
A
S

D
E
L

C
I
N
E

EL ÚLTIMO TANGO EN PARÍS
Last Tango in Paris (1972)

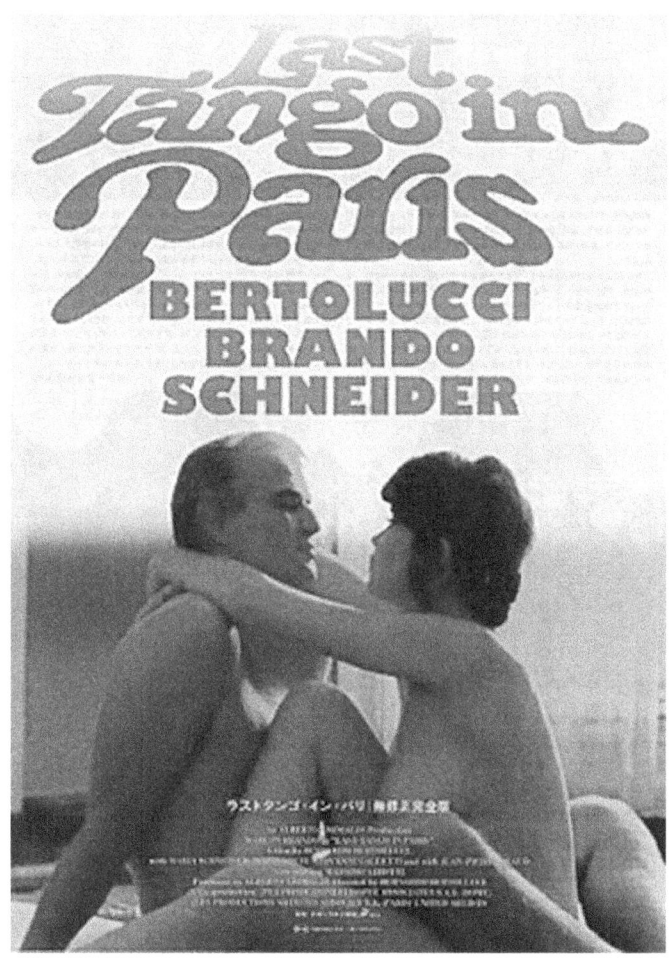

Director: Bernardo Bertolucci

Intérpretes:
  MARLON BRANDO: Paul
  MARIA SCHNEIDER: Jeanne
  JEAN PIERRE LEAUD

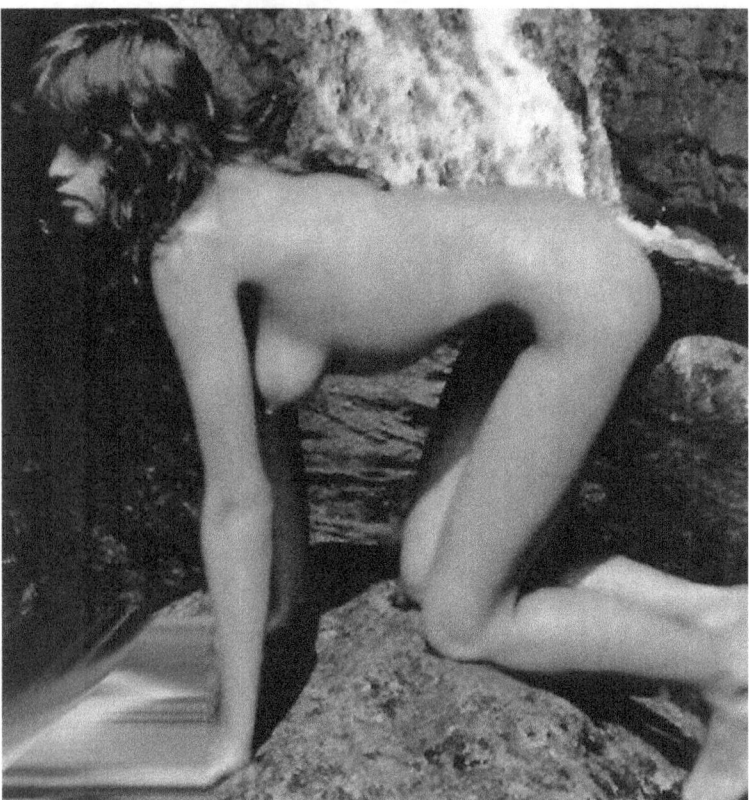

Paul, (Brando), es un americano expatriado y envejecido que retorna a París, en donde comprueba que su matrimonio ha terminado. Su esposa francesa se había cortado las venas, dejando la bañera llena de sangre y las paredes salpicadas. No dejó ni una nota, ni

D
I
O
S
A
S

D
E
L

C
I
N
E

avisó de su intención de suicidarse. Abrumado con la pena, Paul camina por las calles en busca de un apartamento para alquilar. Casualmente encuentra a Jeanne, (María Schneider), una joven que está mirando el mismo apartamento, pues dentro de unas semanas se casará con un cineasta.

Paul y Jeanne miran con cautela el apartamento vacío y se preguntan quién se quedará en él. Sin una explicación razonable y de manera súbita, se agarran fuertemente y hacen el amor contra la pared del apartamento. El espectador abre sus ojos ante lo insólito de la situación y se prepara para disfrutar de esta extraña relación.

Paul establece las reglas y Jeanne debe seguirlas o ella no lo verá más. Su relación puramente carnal debe permanecer anónima, impasible, y existir sólo dentro de las paredes del apartamento, el cual alquila Paul solamente para ello. Tampoco debe haber ningún tabú sexual entre ellos, lo que quiere decir quiere todo vale si proporciona placer. Él no quiere conocer nada sobre ella, ni siquiera su nombre, y rechaza dar cualquier información sobre él. Ambos no deben verse fuera de los límites de apartamento, ni marcharse juntos.

La cámara de Bernardo Bertolucci captura perfectamente la naturaleza impersonal de esta relación y aunque los diálogos no son extraordinarios, la inmensa sensualidad y erotismo llena la pantalla y la historia.

Aunque la película fue un éxito económico, la actriz María Schneider apenas tuvo relevancia después, y eso que está muy correcta en su papel de chica caprichosa, juguetona, aturdida, vulnerable, colérica, frustrada, seductora y curiosa. Brando está simplemente magnífico. Hay veces, cuando él y Jeanne están juntos, que parece estar improvisando y actúa como si no hubiera ninguna

63

cámara filmándolo, como si no actuara. El título del filme se aclara al final, cuando hay una escena en un salón de baile surrealista donde bailan un tango.

GARGANTA PROFUNDA
DEEP THROAT (1972)

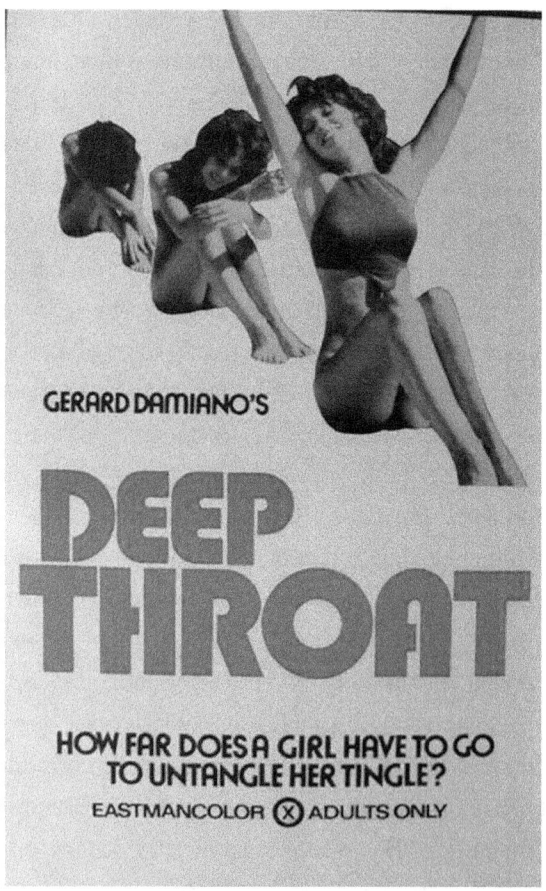

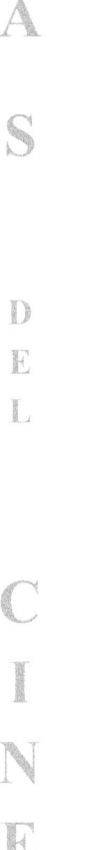

Dirigida por Gerard Damiano.
Guión de Gerard Damiano.
Fotografía de Harry Flecks.

Intérpretes:
    LINDA LOVELACE
    HARRY REEMS
    DOLLY SHARP
    CAROL CONNORS

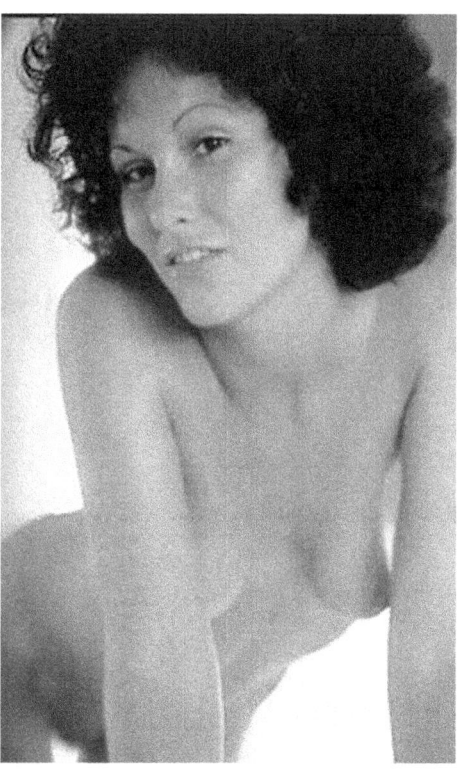

Una mujer acude al ginecólogo porque no consigue llegar al orgasmo. Esto es habitual en muchas mujeres, pero el médico la explora concienzudamente hasta que descubre la causa: la paciente tiene el clítoris en el fondo de la garganta.

Esta surrealista historia generó la película erótica más famosa de la historia, citada más veces que ninguna otra, y record de recaudación durante muchos años, siendo la primera pro-

65

ducción "X" estrenada en una sala comercial (estuvo 4 años consecutivos en cartel en los EE.UU.). Es por ello que no podemos incluirla como película pornográfica, sino como erótica.

Polémica en su momento, y prácticamente olvidada hoy, la publicidad de sus atrevidas escenas rivalizó con el culebrón que se entabló entre el director Gerard Damiano y la principal protagonista femenina Linda Lovelace, quien aseguró que había sido forzada, incluso bajo presión de un revólver en su cabeza, por su marido y manager Chuck Traynor, a que rodara las escenas más duras del filme.

Ahora puede parecer ciertamente vulgar, pero las escenas de felación suelen ser sumamente sugestivas, y hasta poseen un marcado contenido didáctico. La mujer que tenga dudas de cómo se hace correctamente, debería verla como quien lee un libro de texto sobre el cuerpo humano.

DELICIAS TURCAS
TURKS FRUIT (1973)

Director: Paul Verhoeven

Intérpretes:
RUTGER HAUER
MONIQUE VAN DE VEN
TONNY HUURDEMAN

Director irregular desde sus comienzos en 1971 con *Wat Zien Ik?*, la popularidad de Verhoeven aumentó grandemente en 1973 con este filme que posteriormente fue rebautizado como *Delicias*

D
I
O
S
A
S

D
E
L

C
I
N
E

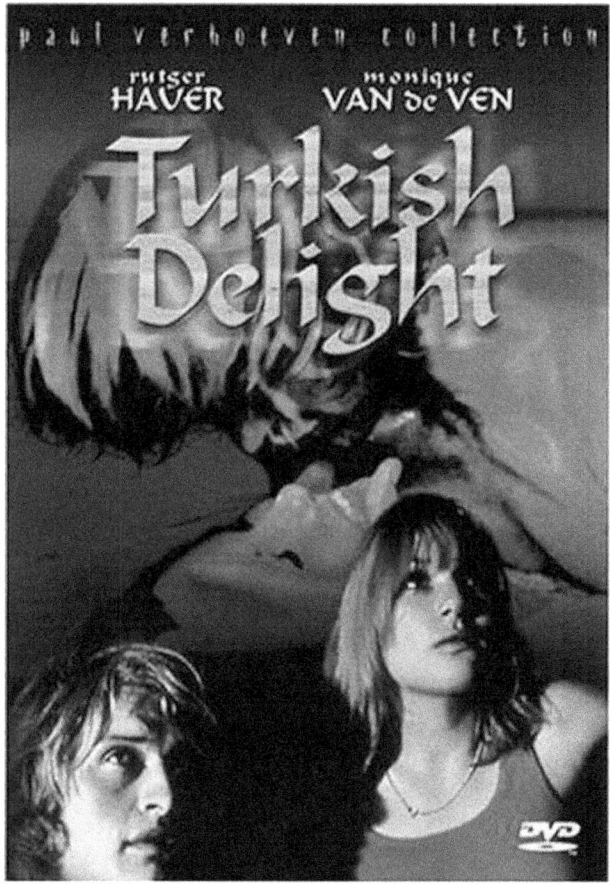

holandesas. Siempre queriendo ir contracorriente, provocando en ocasiones la repulsa por su realismo (o mal gusto, según quién lo juzgue), dispone de tantos admiradores incondicionales como detractores.

Wat Zien Ik? fue la historia de dos prostitutas en Ámsterdam y sus habilidades sexuales con los clientes, teniendo como continuación esta de 1973, un éxito de taquilla para el mediocre cine holan-

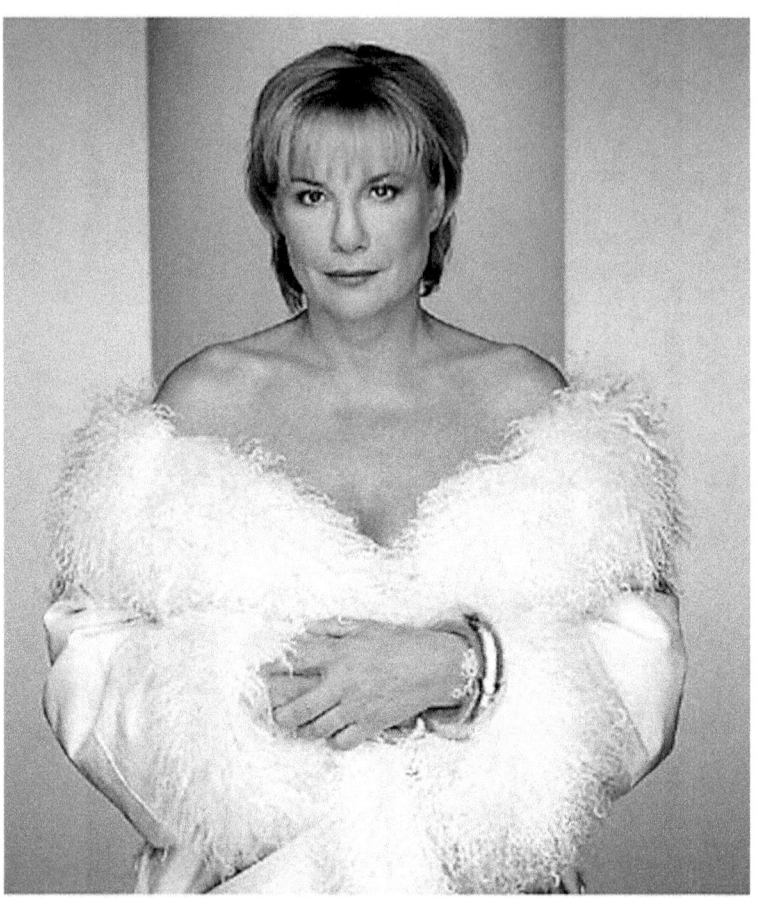

D
I
O
S
A
S

D
E
L

C
I
N
E

dés. Es cualquier cosa menos un romance con glamour, pero también tiene amor y sentimientos, algo más crudos, pero los tiene. Con algunos momentos de sumo interés y una adecuada narrativa, así como la correcta interpretación de Rutger Hauer, el éxito comercial le sorprendió bastante menos que esa nominación al Oscar a la Mejor Película Extranjera. Tanto le sorprendió que ni siquiera acudió a la ceremonia de entrega, convencido de que debía ser un error.

D
I
O
S
A
S

D
E
L

C
I
N
E

PORTERO DE NOCHE
THE NIGHT PORTER (1974)

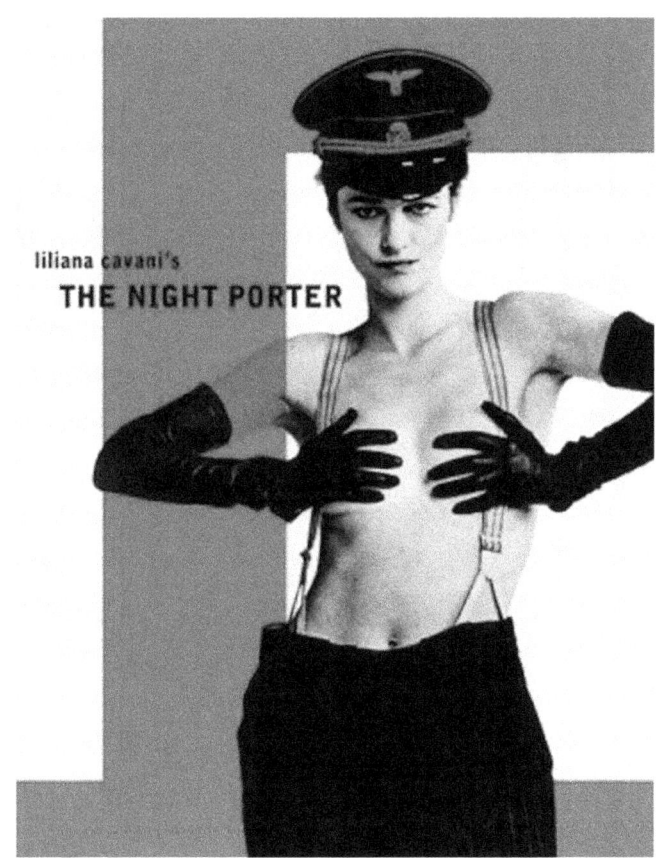

Director: Liliana Cavani

Intérpretes:
   DIRK BOGARDE: Max
   CHARLOTTE RAMPLING: Lucía

69

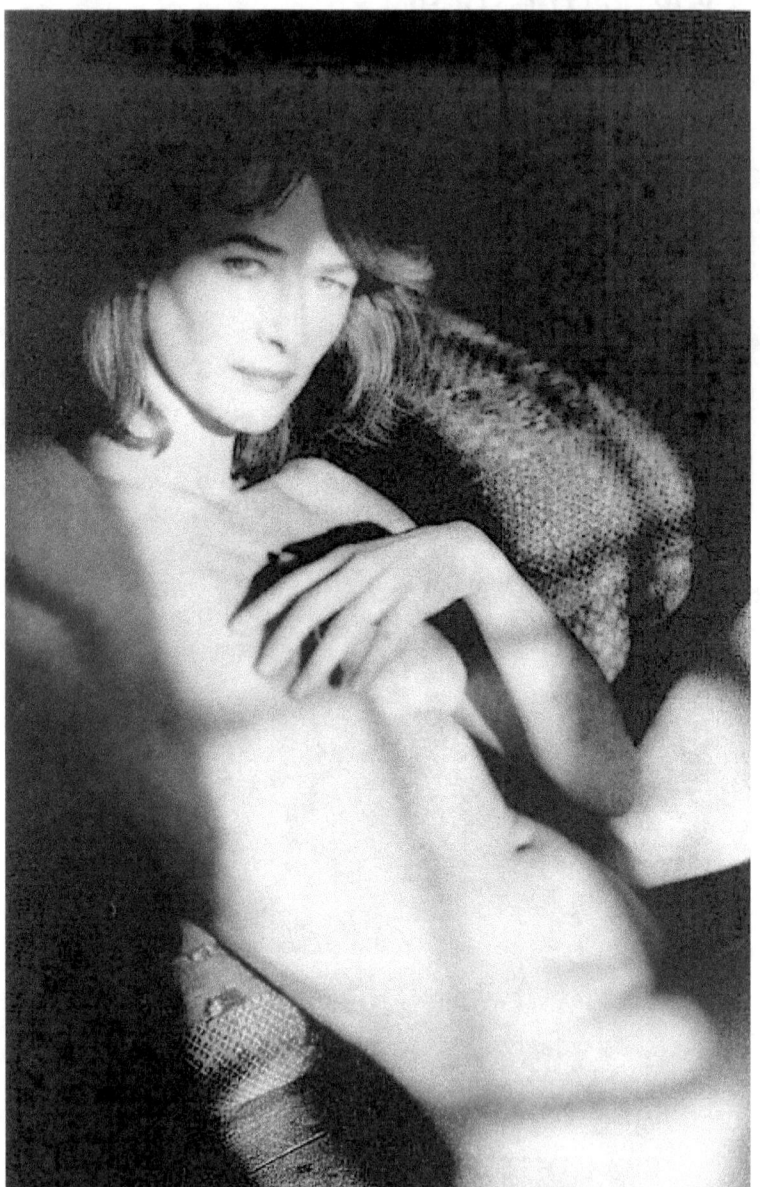

D

I

O

S

A

S

D E

L

C I N E

Portero de noche fue una de las películas que más impresionaron a la gente cuando se estrenó. Dirigida por Liliana Cavan, trata de situaciones psicológicas sumamente desagradables durante el holocausto judío. La película no fue del agrado de muchas personas, posiblemente porque para verla hay que tener una mente abierta para encajar escenas repulsivas sobre la degradación humana.

La historia trata sobre un portero de noche que trabaja en un hotel de Viena, Austria, doce años después del final de la Segunda Guerra Mundial. Si la película simplemente mencionara los aspectos superficiales que implican la noche en un hotel, sería solamente una historia sencilla. En este caso no tiene nada que ver con un hotel y mucho sobre cierta relación horrible entre dos almas torturadas. El portero de noche en este hotel particular es Max Aldorfer (Dirk Bogarde), antiguo oficial de las SS asignado a un campo de concentración donde él torturó y mató a algunos presos.

Durante su trabajo tiene mucho tiempo para hablar con sus cómplices nazis sobre sus esfuerzos para suprimir la evidencia de sus anteriores actos y otros modos de tapar sus pistas. La sorpresa para el espectador llega cuando vemos que Max también mantiene reuniones con una mujer con la cual tenía relaciones mientras estaba prisionera. Esta mujer, Lucia Atherton (Charlotte Rampling), al principio expresa terror cuando ve a su antiguo violador después de todos estos años, pero entonces algo extraño la pasa. La chispa enferma que unió a la víctima y el opresor hace que todos aquellos años florezcan de nuevo, y Lucia finge una excusa para volver a estar con su antiguo amante. Esto es sólo el principio del problema, pues los amigos de Max expresan gran alarma sobre esta relación, ya que ven en la presencia de Lucia un peligro significativo para permanecer en el anonimato, y quieren que Max deje de verla.

71

EMMANUELLE
(1974-1977)

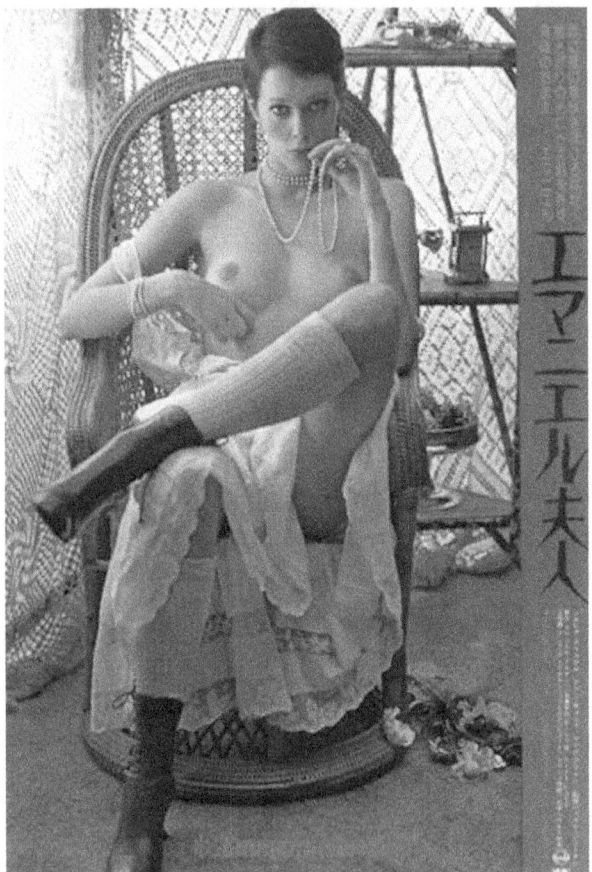

Director: Just Jaeckin

Intérpretes:
ALAIN CUNY: Mario

D
I
O
S
A
S

D
E
L

C
I
N
E

D
I
O
S
A
S

D
E
L

C
I
N
E

SYLVIA KRISTEL: Enmanuelle
MARIKA GREEN: Bee

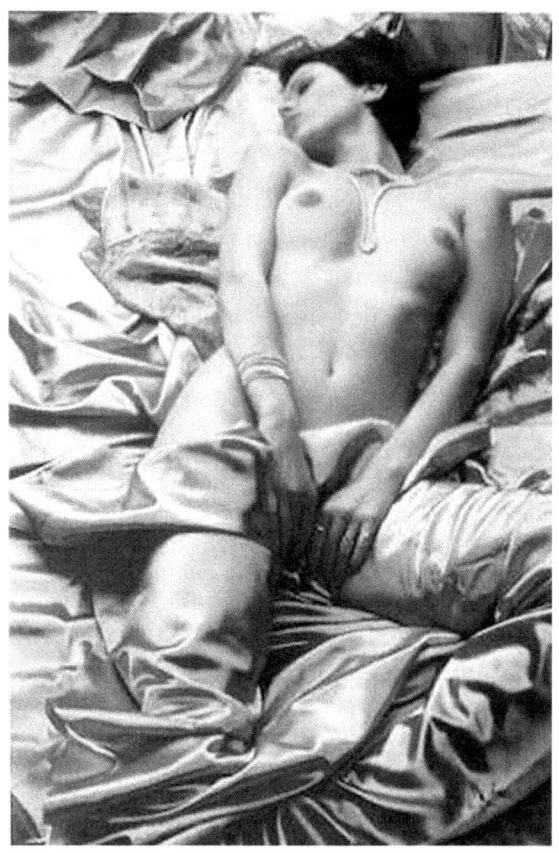

    Emmanuelle fue casi un fenómeno sociológico cuando se estre-
nó en los años setenta y aún hoy sigue siendo una historia de refe-
rencia del cine erótico. En la saga *Emmanuelle* destacan las partes
exóticas de la sensualidad y el erotismo de las personas, y nos las
muestran con cierta elegancia, al menos bastante más que ahora.

Kristel tenía 22 años cuando interpretó a *Emmanuelle* (basada en una novela erótica autobiográfica), una joven recién casada que es bastante inexperta en el mundo de la sexualidad. Casada con un hombre mucho mayor, es libre de explorar su sexualidad sin ninguna consecuencia, y así la vemos de un lado para otro mostrando sus pechos, anhelando aprender más. El espectador, por supuesto, satisfecho.

Hay muchas escenas que la gente comentaba y que les gustaría practicar del mismo modo: el coito en el avión, la pasión desatada sobre una pista de squash, una gran escena de lucha en la que el vencedor conseguiría tener "una discusión filosófica" con Emmanuelle, el baño, y las habilidades de una corista con un cigarrillo. Kristel está sumamente correcta y hace maravillosamente su papel de chica inocente. Luego no consiguió ningún prestigio en el cine, pero su figura desnuda sentada en un sofá de mimbre, sigue siendo un icono del atractivo femenino.

EMANUELLE NEGRA (1975)

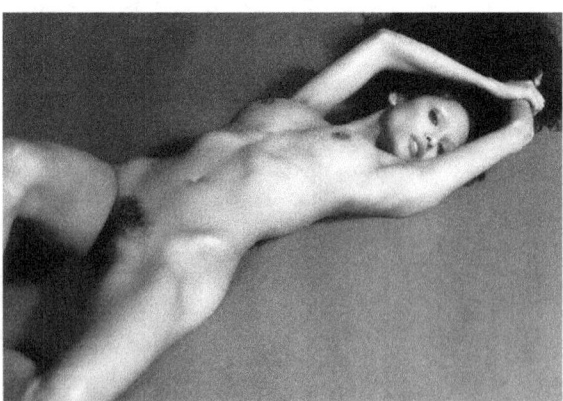

D
I
O
S
A
S

D
E
L

C
I
N
E

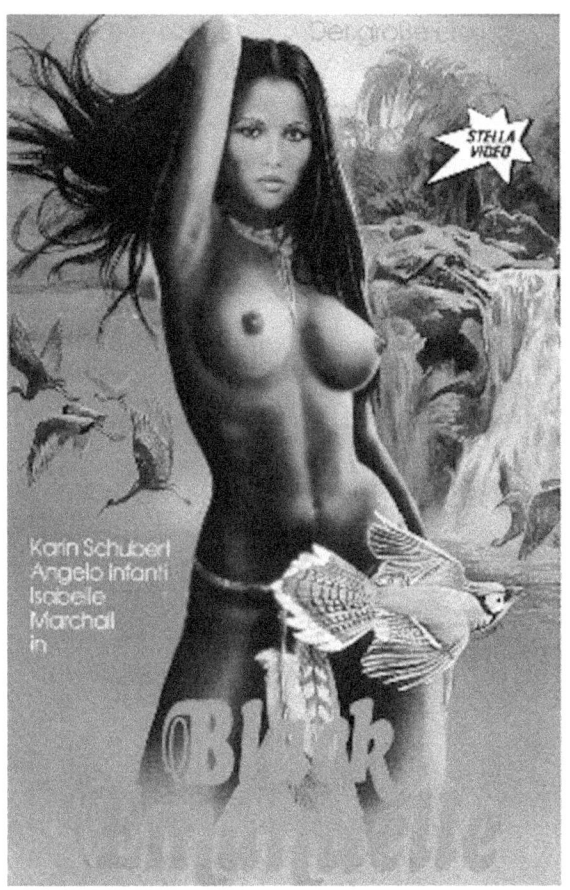

Director: Bitto Albertini

Intérpretes:
LAURA GEMSER: Emanuelle
KARIN SCHUBERT: Ann
ANGELO INFANTI: Gianni

¿Serviría para algo matizar que esta Emanuelle no es negra, sino indonesa? Supongo que no. Una vez que las chicas occidentales nos demostraron que podían exhibirse desnudas delante del espectador y ganar prestigio con ello, nos faltaba un "toque de color". Laura Gemser fue la elegida, una hermosa chica que viajó por Oriente, sobrevivió a multitud de caníbales y zombies, se hizo fotos con Bárbara Rey y hasta se fue a América para masturbar a un caballo. En todas ellas nos mostró siempre un pubis que hizo las delicias de los admiradores. Esta chica…

HISTORIA DE O
THE STORY OF O (1975)

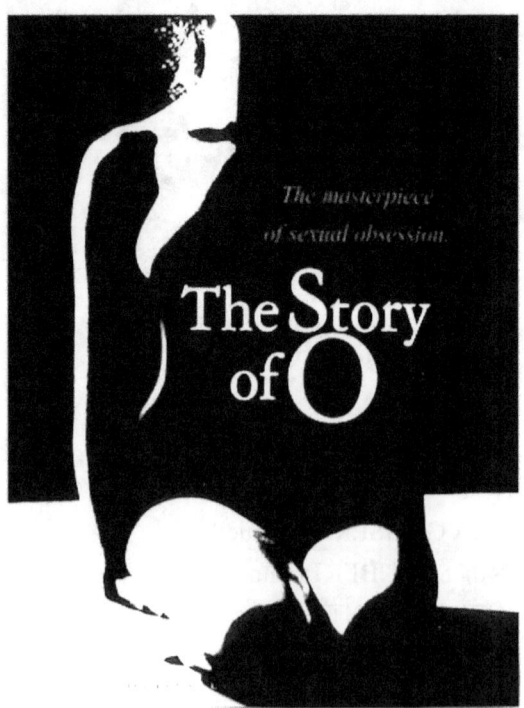

DIOSAS DEL CINE

D
I
O
S
A
S

D
E
L

C
I
N
E

Director: Just Jaeckin

Intérpretes:
CORINNE CLERY
ANTHONY STEEL
UDO KIER
JEAN GAVEN

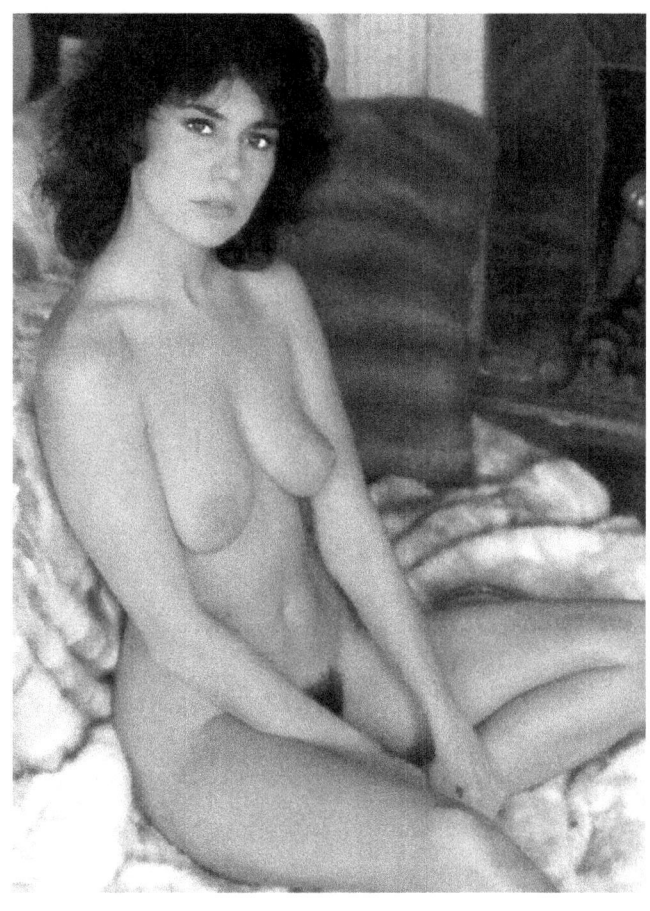

Un intenso paseo para explicarnos el significado de sadismo y masoquismo, del morbo a ultranza y de la figura del legendario Marqués de Sade. Todo ello de la mano de una joven (la bella Corinne Clery) y su amante y refinado torturador (Udo Kier), que con sus sesiones sadomasoquistas intentarán alcanzar el placer supremo a través del dolor y del sufrimiento, lo que ellos denominan "La Sumisión Total".

Si quiere ver lo que nadie quiere reconocer en materia de sexo y hasta dónde quieren llegar algunas personas para sentir emociones intensas, esta película será su icono más representativo, algo imprescindible para conocer los recovecos más oscuros de la libido. También combina con cierto descaro la finura y delicadeza de la anatomía femenina con la crudeza y sexualidad de sus imágenes, pero de cualquier modo es ya un clásico del cine erótico. El sado-masoquismo alcanza aquí su mejor y bella expresión, si es posible que encontremos belleza en el sufrimiento a través del sexo.

SUPERVIXENS (1975)

Director: Russ Meyer

Intérpretes:
SHARI EUBANK: Super Angel
CHARLES NAPIER: Harry Sledge
USCHI DIGARD: Super Soul

¿Podríamos considerarlo un clásico erótico de serie B, o algo infumable? Indudablemente aportó amor, violencia, acción, sexo...

D
I
O
S
A
S

D
E
L

C
I
N
E

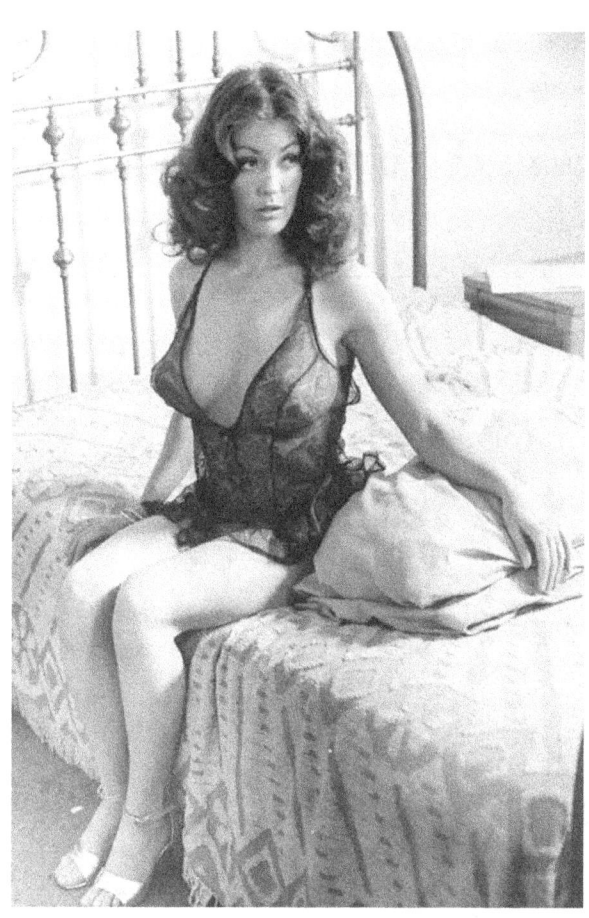

y muchas, muchas tetas. El asunto es que Russ Meyer siempre aporta novedades en sus películas y crea su propio mundo al que resulta agradable entrar. Podría parecer solamente una película para
hombres, pero sus admiradores sabemos que son de ambos sexos, y
es que el surrealismo de sus escenas, como esos bebés de grandes
pechos, asombra más que desagrada.

De su protagonista principal, Shari Eubank, nunca más se supo y eso que, como vulgarmente se dice, tenía dos buenas razones para ser admirada.

MADAME CLAUDE
(1976)

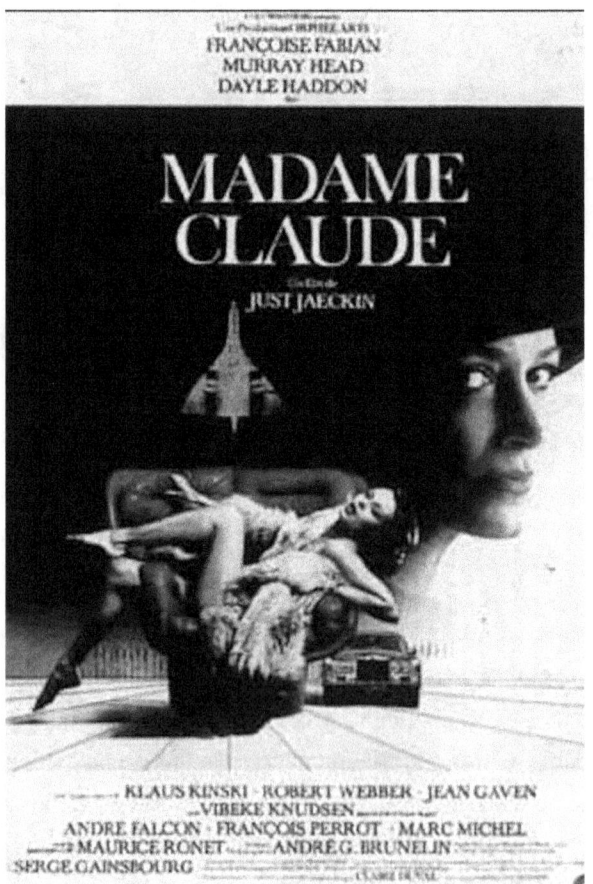

DIOSAS DEL CINE

D

I

O

S

A

S

D

E

L

C

I

N

E

Director: Just Jaeckin

Intérpretes:
    FRANÇOISE FABIAN
    MURRAY HEAD
    KLAUS KINSKI
    MAURICE RONET

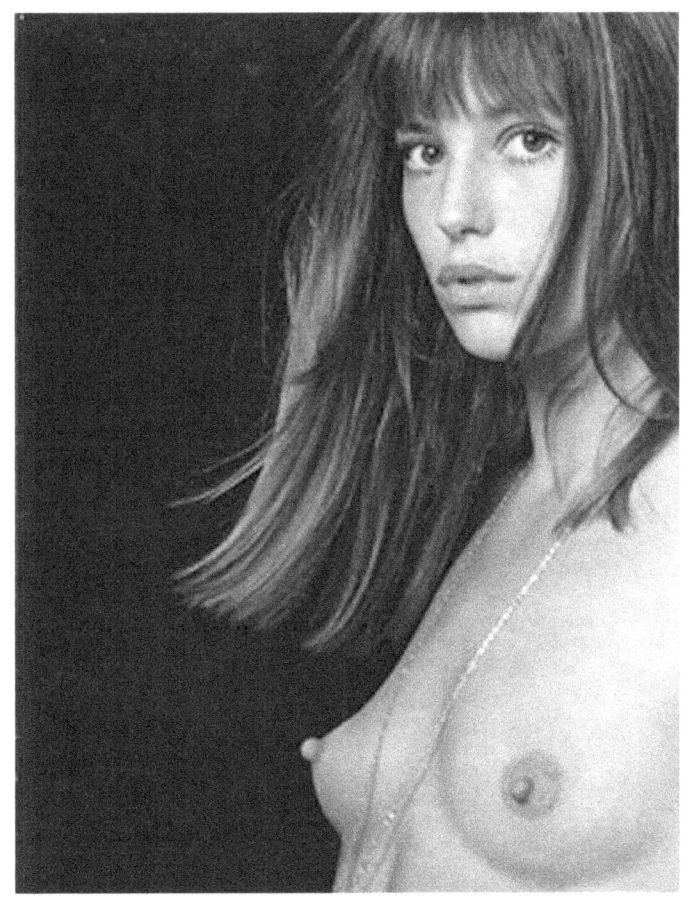

81

Sin insistir demasiado en que está basada en acontecimientos reales, el director Jaeckin (*Emmanuelle*) nos muestra un drama lleno de aroma sexual sobre una señora parisina que proporciona muchachas con prestigio social para hombres ricos y poderosos. Hasta ahí nada nuevo, pero cuando una de las muchachas que trabajan para ella aparece muerta en el apartamento de un fotógrafo, la señora decide ayudar a la policía para reunir información sobre algunos clientes prominentes y evitar que ella misma sea juzgada.

10, LA MUJER PERFECTA (1979)

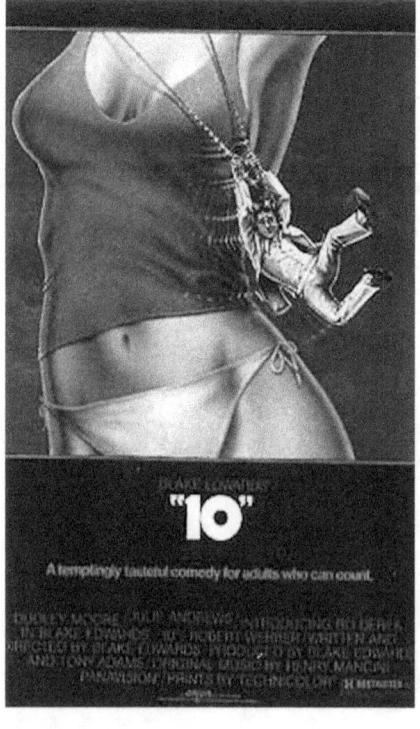

Director:
Blake Edwards
Música:
Henri Manchini
Fotografía:
Frank Stanley

Intérpretes:
DUDLEY MOORE:
BO DEREK
JULIE ANDREWS

El número 10 se emplea para clasificar a las mujeres hermosas y en la publicidad se aseguró que se trataba de una comedia de buen gusto para adultos que podía contarse.

Nos habla de un compositor de mediana edad (Dudley Moore) que está inmerso en la crisis de los cuarenta, y que piensa que el sexo ya no tiene interés. Después de haber visto a la mujer de sus sueños, Jenny (Bo Derek), le dice a su terapeuta: "Era la muchacha más hermosa que he visto en mi vida". Cuando le pregunta en una escala de 1 a 10 qué puesto ocupa, dice: "Once".

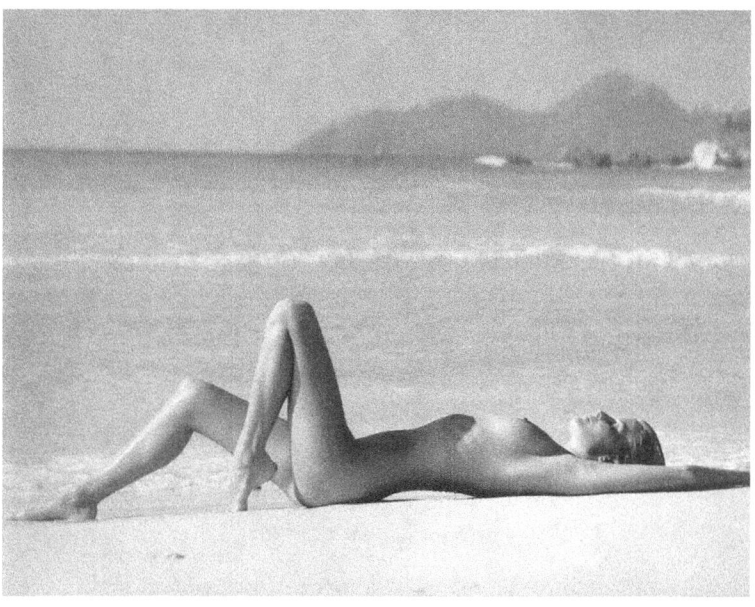

La belleza de Bo Derek (actriz que no volvió a conocer un éxito similar), y la buena actuación de Moore y Julie Andrews, así como la estupenda música de Henry Manchini (además del inmejorable "Bolero" de Ravel), lograron un gran éxito de público, además de ser reconocida como una estupenda comedia erótica.

FUEGO EN EL CUERPO
BODY HEAT 1981

Director: Lawrence Kasdan

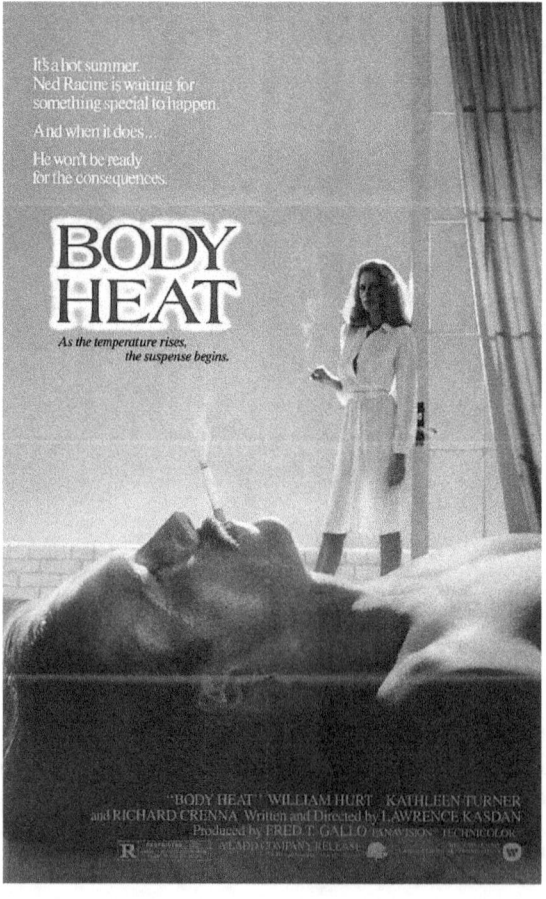

D
I
O
S
A
S

D
E
L

C
I
N
E

Intérpretes:

WILLIAM HURT
MICKEY ROURKE
RICHARD CRENNA
KATHLEEN TURNER

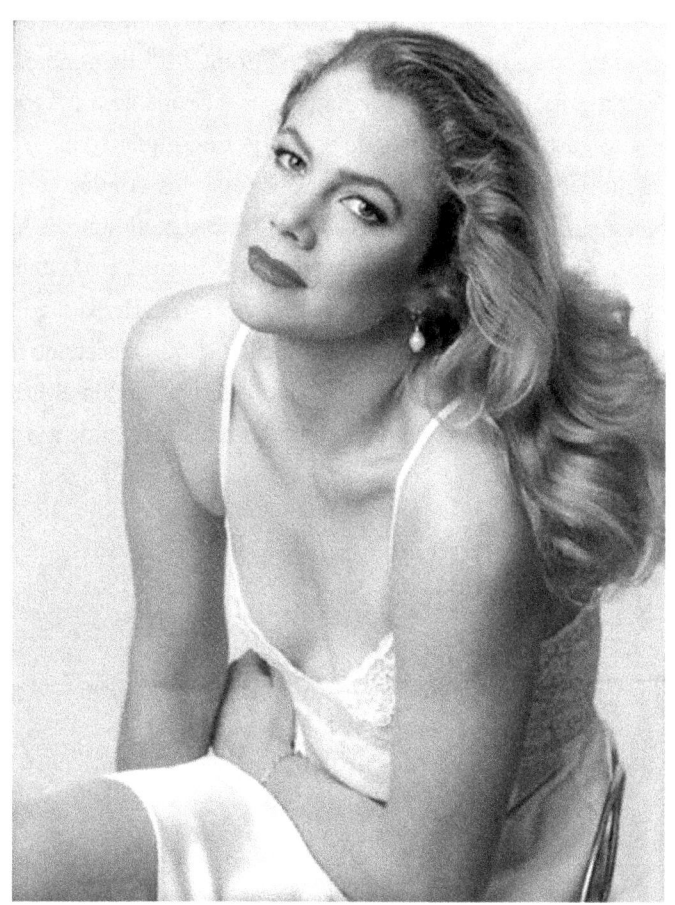

Fuego en el cuerpo relata un día dramático, en la línea tradicional del cine negro, en la atmósfera caliente de Miranda Beach, Florida.

La intensa pasión que ocasiona una hábil mujer, encarnada por la fugaz sex symbol Katheleen Turner (su cuerpo se deformó con la misma rapidez que un maquillaje en un día de lluvia), sobre un abogado corruptible, tonto, ingenuo, e incompetente de nombre Ned, obliga al infeliz a que mate a su marido Edmund. Ella también está interesada por Ned, más que nada porque se considera más inteligente y le gustan los hombres de este bajo tipo intelectual.

La chica conoce sus recursos corporales y los emplea como un instrumento de seducción, incluyendo el trato sexual lleno de sudor, así como un diálogo lascivo y sugestivo, que le sirve perfectamente para manipular las emociones del infeliz y presionarle para que realice el asesinato: "¡Hazlo!" "¡Lo necesito!" –le dice insistente mientras le muestra su bello cuerpo-. Y ante estas presiones el hombre claudica con cierto remordimiento moral, pero sin dejar de mirar sus pechos.

FALDAS REVOLTOSAS
LITTLE DARLINGS 1980

Director: Ronald F. Maxwell

Intérpretes:
    TATUM O'NEAL: Ferris
    KRISTY McNICHOL: Angel
    MATT DILLON: Randy

D
I
O
S
A
S

D
E
L

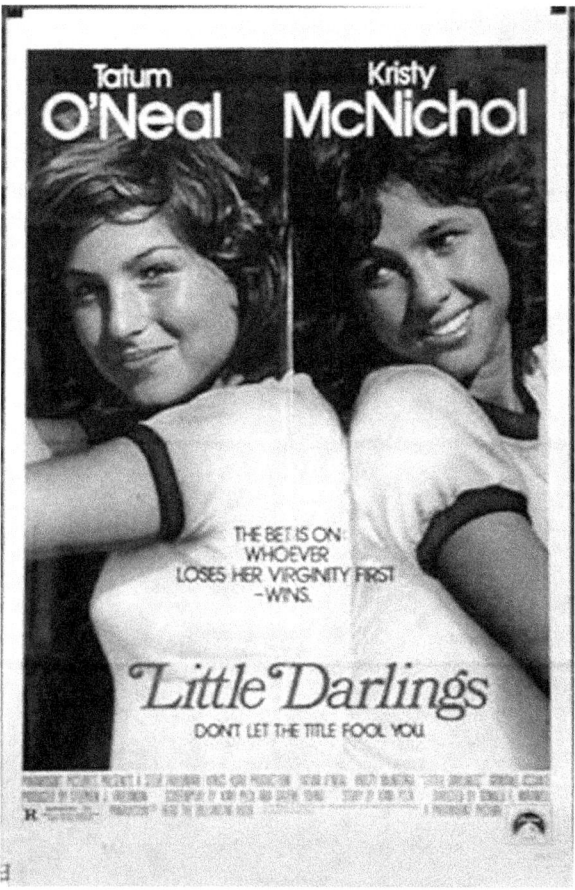

C
I
N
E

Esta es una película sobre dos chicas adolescentes: la rica y hermosa Ferris (Tatum O'Neal) y otra pobre, una marginada social llamada Angel (Kristy McNichol). Ambas se encuentran en un autobús que va al mismo campamento de verano y pronto se establece una competición entre ellas: gana la que antes pierda la virginidad con alguno de los chicos del campamento. No hay mucho dinero en juego, solamente 100 dólares, pero como ellas incluso lo harían sin la apuesta, entablan una búsqueda frenética del afortunado mortal que alcanzará su paraíso peludo.

La película está llena de momentos jocosos y sensuales, pero nada que no conozcamos en la vida real. La habilidad del director está en mantener cierta intriga en el espectador hasta el final. Como las chicas son muy jóvenes, 11 y 15 años, las escenas de sexo fueron deliberadamente matizadas.

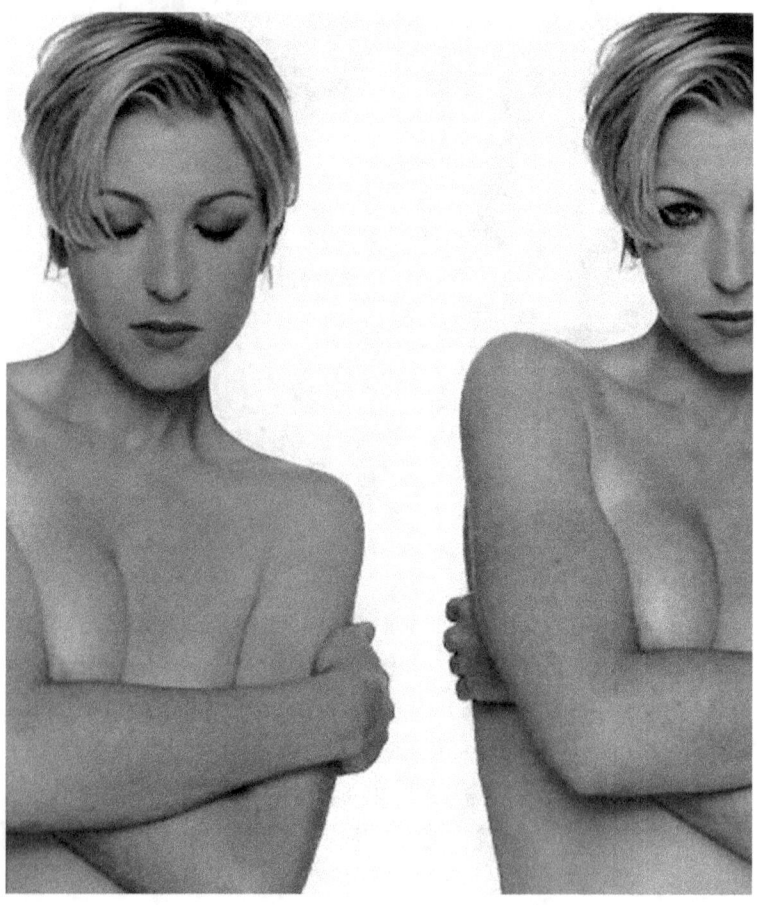

D
I
O
S
A
S

D
E
L

C
I
N
E

EL BESO DE LA MUJER PANTERA
CAT PEOPLE (1982)

Intérpretes:
NASTASSJA KINSKI: Irene
MALCOLM MCDOWELL: Paul
JOHN HEARD: Oliver

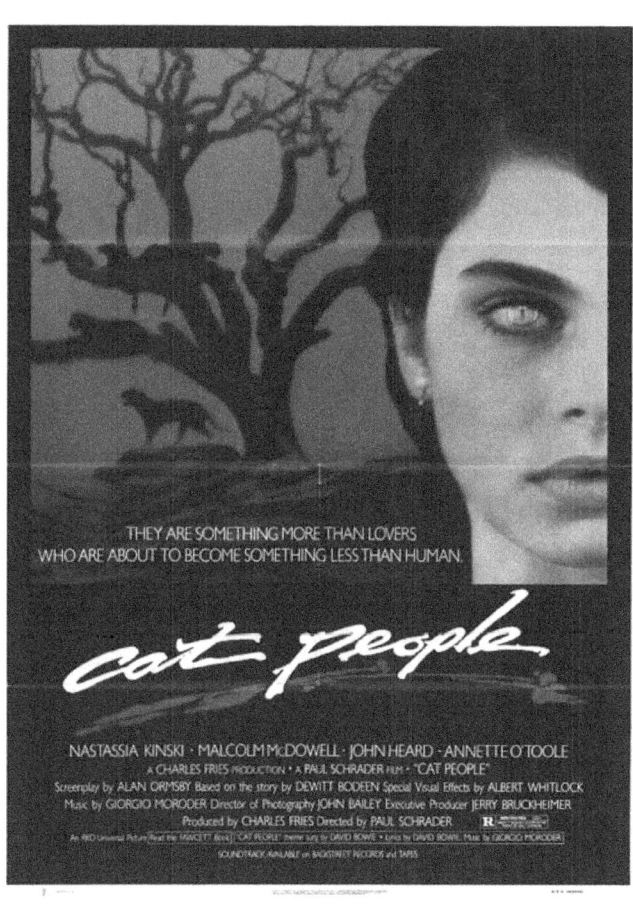

D
I
O
S
A
S

D
E
L

C
I
N
E

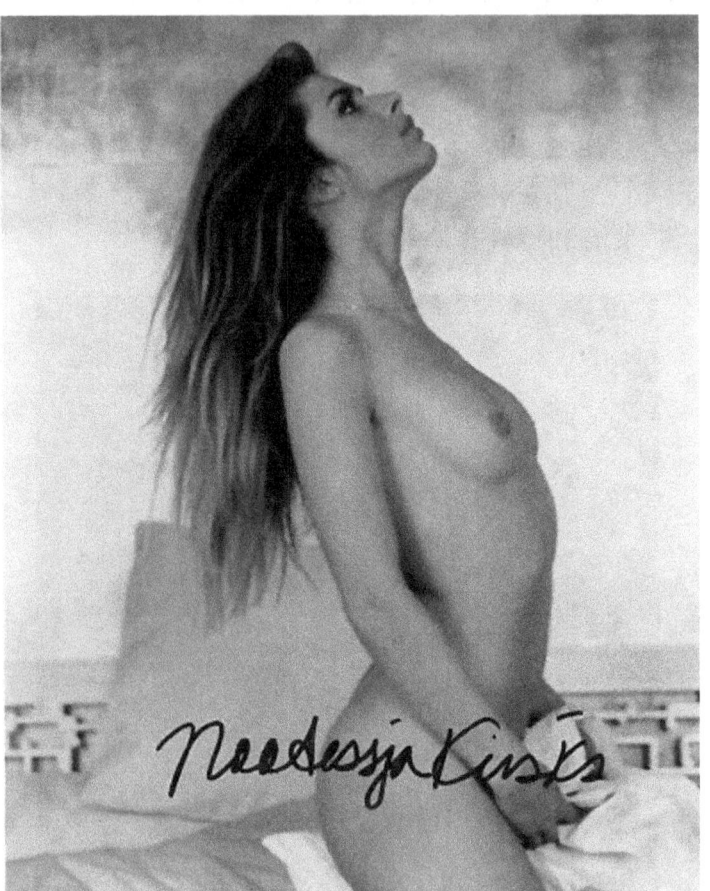

Si son admiradores de Nastassja Kinski no se pierdan esta película. Nos la presentan en todas sus facetas: desnuda, con sangre en la boca, inocente, sexual y tremendamente agresiva. Si pueden superar su presencia y concentrarse en el resto, verán una película de terror digna, la cual tuvo bastante más éxito con posterioridad a su estreno, cuando el tiempo la hizo justicia.

El filme nos cuenta las transformaciones que sufren dos hermanos que se convierten en sendas panteras negras, y la imposibilidad
de ambos por evitar su destino, ya que para perpetuar la especie
deben aparearse juntos, algo en lo que nuestra hermosa protagonista no está de acuerdo. Ellos son casi animales, pero eso del incesto…

AQUEL EXCITANTE CURSO
FAST TIMES AT RIDGEMONT HIGH (1982)

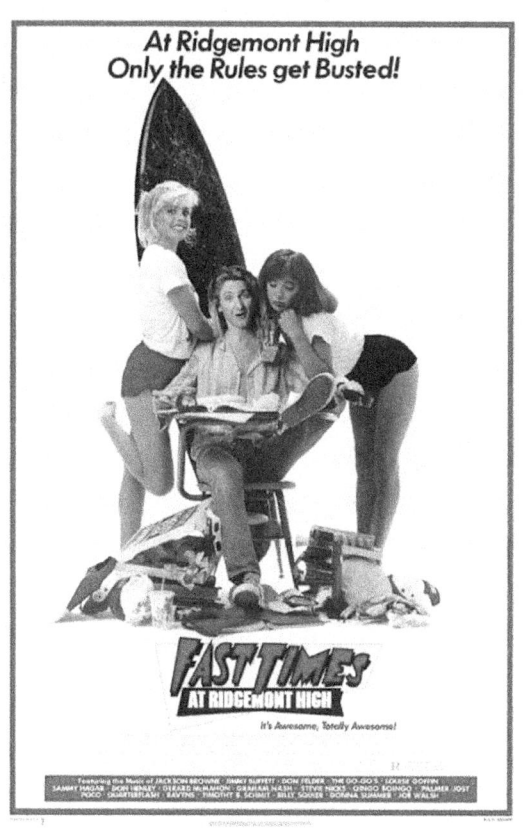

Director: Amy Heckerlin

Intérpretes:
>SEAN PENN: Jeff Spicoli
>JENNIFER JASON LEIGH: Stacy Hamilton
>ROBERT ROMANUS: Mike Damone

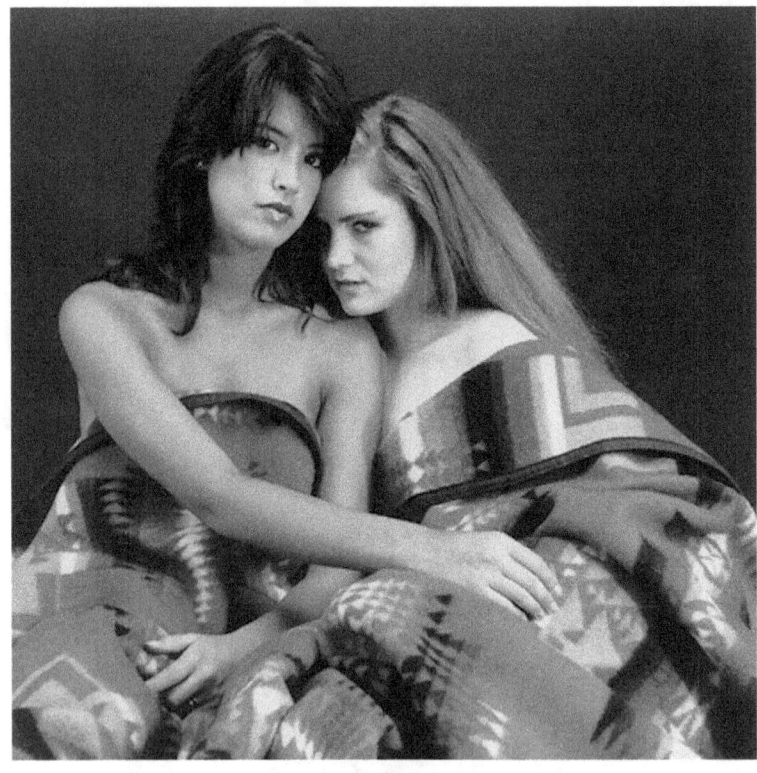

Muchos de los personajes se parecen a los que hemos visto en la escuela. Por eso nos resultan familiares los torpes, los bravucones y las chicas estrechas con todos, menos con ese muchacho guapo de

D
I
O
S
A
S

D
E
L

C
I
N
E

DIOSAS

ojos azules. Incluso hoy, podemos constatar que las cosas no han cambiado. Esta película fue rodada cuando las discotecas tradicionales morían de aburrimiento, y los jóvenes buscaban lugares en los cuales se les permitiera hacer más y con menos espectadores. Sin embargo, aunque el director Cameron Grove dijo que estaba basada en su propia vida mintió, pues simplemente nos relata algo que ha sucedido en cualquier lugar del mundo, tan vulgar y conocido es el tema que no podemos creer que se hubiera atrevido a contarlo de ser cierto. Bien, si su vida ha sido tan vulgar como la aquí descrita, seguramente le gustará verla por aquello de la nostalgia, y si se ve reflejado en alguno de los personajes espero que sea en el más guapo y ligón.

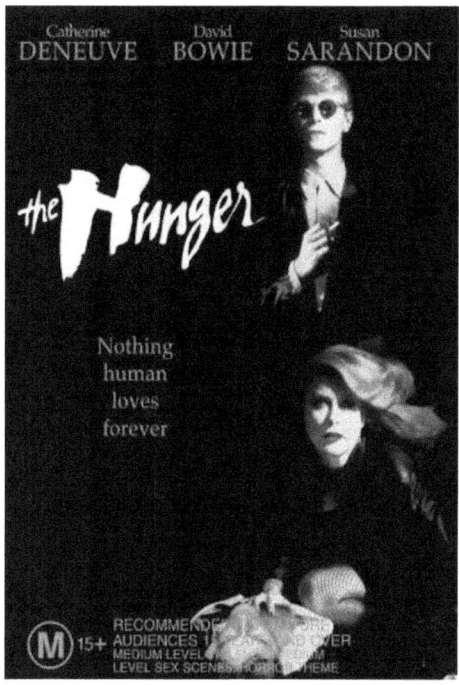

EL ANSIA
THE HUNGER (1983)

Director: Tony Scout

Intérpretes:
CATHERINE DENEUVE
DAVID BOWIE
SUSAN SARANDON

La película tiene un comienzo prometedor: Bauhaus realizando "Bela Lugosi ha muerto". Después vemos a Deneuve y Bowie en busca de carne fresca, sangre para más detalles, pues se

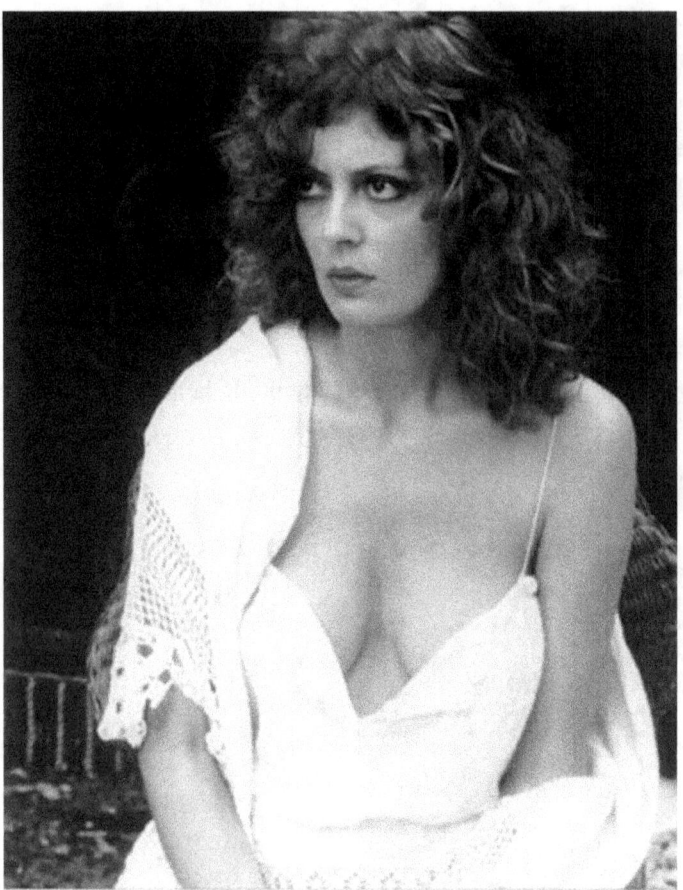

trata de vampiros. Como no viven sólo de sangre, poseen también pinturas hermosas y esculturas que han recogido (robado) a lo largo de los muchos siglos que ya han vivido. También les gusta la música, especialmente bellas obras de Bach que sugieren el amor entre dos mujeres.

El tema es atractivo, poco habitual para una película de vampiros. Deneuve es una vampira de facciones egipcias y Bowie es (de momento) su último amante. Ellos han estado juntos desde el siglo XVIII, más o menos, porque es difícil calcularlo a ojo. Pero el problema es que, a diferencia de ella, sus amantes no viven siempre. Bowie se da cuenta de este hecho único, después de despertarse una mañana y encontrarse muy envejecido. Como Deneuve no puede ayudarlo, él busca inútilmente su respuesta en un instituto de rejuvenecimiento, mientras que ella prefiere alternar sus ardores con Susan Sarandon, igual de guapa pero con atributos distintos.

BOLERO
BOLERO (1984)

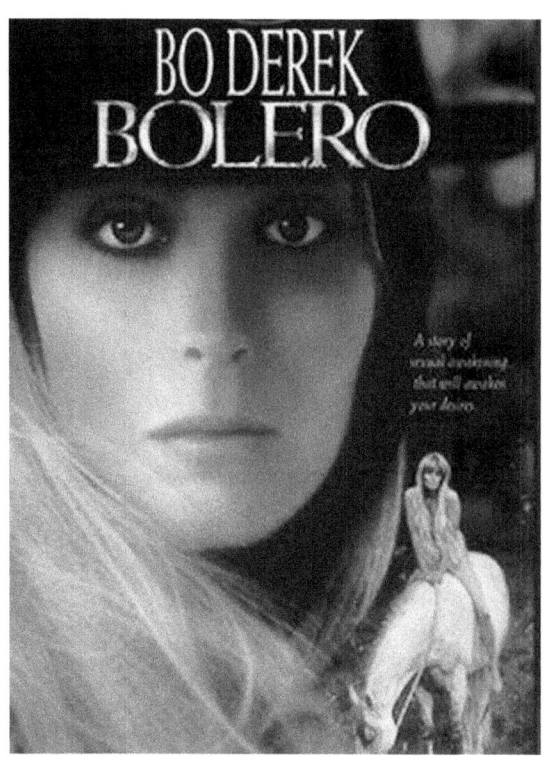

Director: John Derek

Intérpretes:
    BO DEREK: Linda MacGillivery
    GEORGE KENNEDY: Cotton
    ANDREA OCCHIPINTI: Angel
    ANA OBREGÓN: Catalina

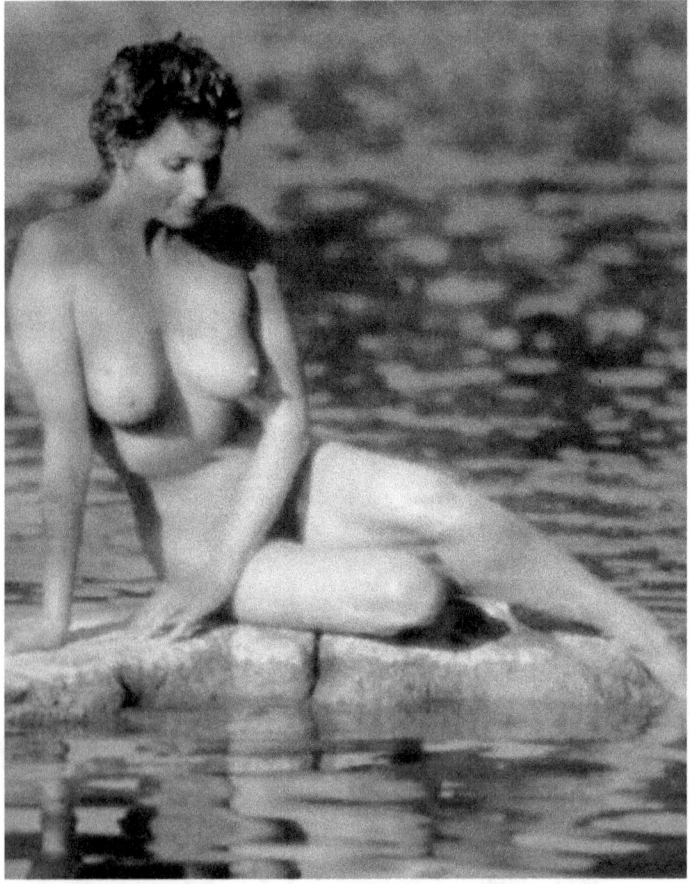

D
I
O
S
A
S

D
E
L

C
I
N
E

Cuando John Derek quiso demostrar al mundo lo afortunado que era teniendo como esposa a Bo Derek, lo hizo con la intención de realizar "una obra maestra del cine erótico". El tema principal era la virginidad de la chica, aunque un argumento que gira solamente sobre quién y cómo se la hará perder, no es suficiente para que el espectador permanezca quieto durante 115 largos minutos. Después de un episodio cómicamente desastroso con un jeque, ella parece enamorarse de otro varón, pero su idilio da un giro frustrante cuando él sufre un accidente. A nosotros, justo en ese momento, nos da igual el resto de la historia, pero como nos han dicho que Bo Derek es seguramente "la mujer más hermosa del mundo", queremos cerciorarnos de ello y aguantamos con los ojos entreabiertos.

¿Qué hace un actor como George Kennedy mezclado en ese engendro? Seguramente contemplar a Bo Derek y Ana Obregón, pues otra razón no entendemos.

LA PASIÓN DE CHINA BLUE
CRIMES OF PASSION (1984)

Director: Ken Russell
Guión: Barry Sandler

Intérpretes:
KATHLEEN TURNER: Joanna/China
ANTHONY PERKINS
JOHN LAUGHLIN: Bobby

El director británico Ken Russell llega al límite del absurdo con este oscuro paseo por el lado extraño de la sexualidad humana. Por

97

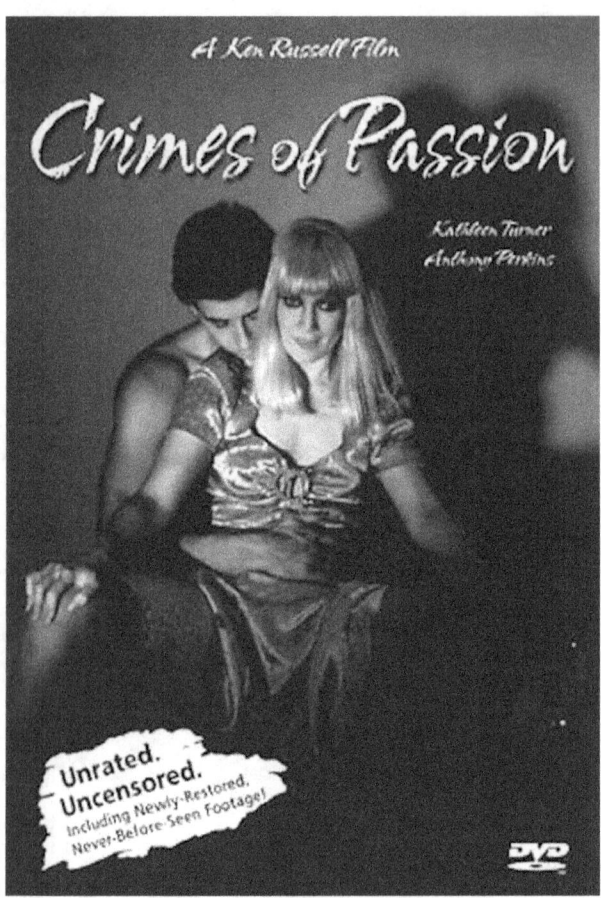

eso en su momento fue casi un fracaso económico, aunque ahora para muchos sea casi una película de culto. El guión de Barry Sandler proporciona buenos momentos con los diálogos entre Turner y Perkins, quien interpreta a un reverendo obsesionado y enloquecido por salvar del pecado a China Blue. Ella realmente es una diseñadora de modas de día y prostituta de noche, con lo cual le queda poco tiempo para acudir a la iglesia a redimirse. Mientras

D
I
O
S
A
S

D
E
L

C
I
N
E

toma tan trascendente decisión filosófica, aparece en su vida Bobby, un guapo chico que atraviesa un mal momento por su aburrido matrimonio. Al final, y contra todo pronóstico, es este chico quien la redime.

La película de Russell es indecente y hasta atrevida, y en la versión en DVD se han rescatado dos escenas que no fueron incluidas anteriormente por su alto contenido pornográfico. El final, muy aleccionador, realmente no estaba previsto, pero tuvo que ser incluido porque la distribuidora exigió una moraleja al estilo Hollywood.

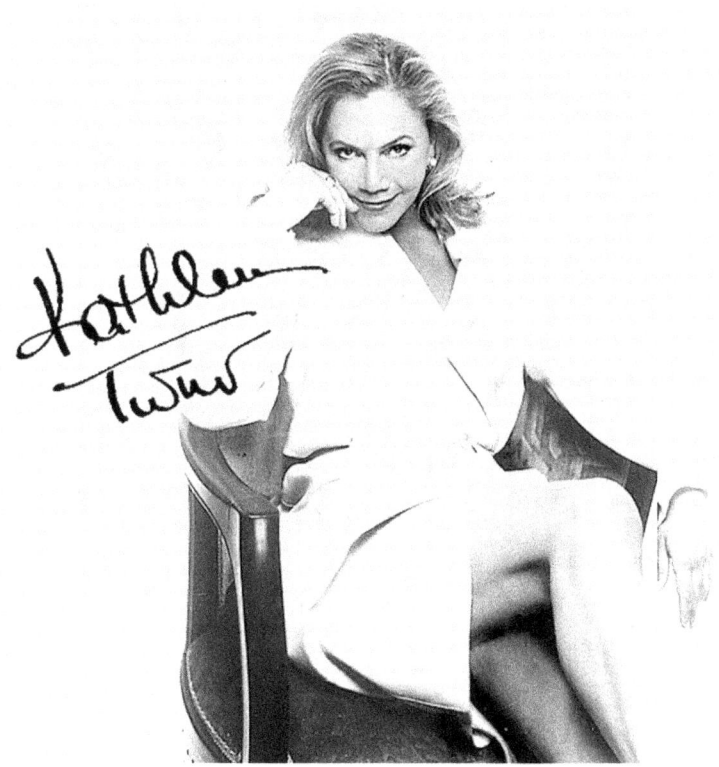

LIFEFORCE: FUERZA VITAL
LIFEFORCE (1985)

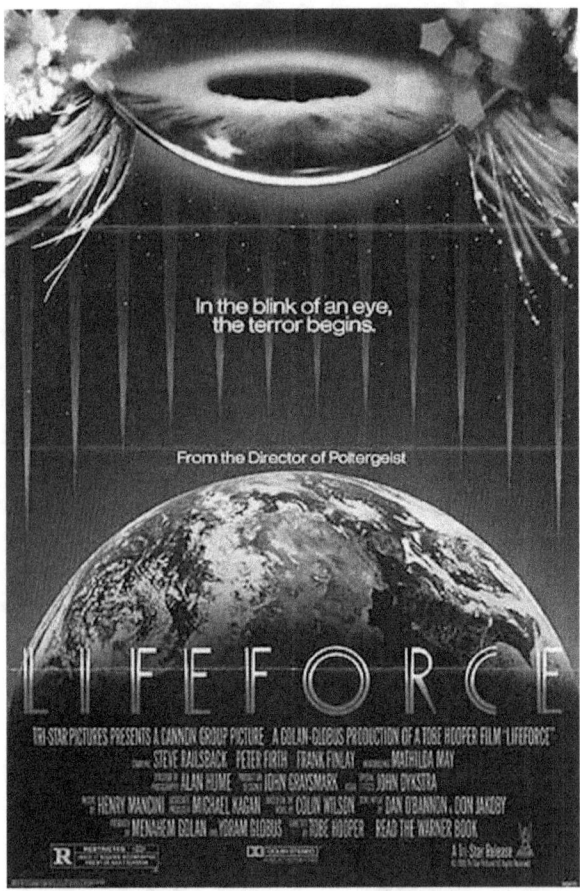

Director: Tobe Hooper
Basada en la novela: The Space vampiros
Música: Henry Mancini
Efectos especiales: John Dykstra

Intérpretes:

MATHILDA MAY: La vampira

STEVE RAILSBACK: Tripulante superviviente

PATRICK STEWART:

PETER FIRTH: Agente británico

D
I
O
S
A
S

D
E
L

C
I
N
E

Con un plantel de renombrados especialistas del género de ciencia-ficción y de terror, se realiza esta película en la que unos extraterrestres, mezcla de vampiros y zombis, quieren adueñarse de la Tierra. Su jefa adopta la forma de una hembra seductora, y consciente de lo que ello supone para los varones, se pasea desnuda ante ellos, pues mientras mantienen los ojos y la boca abiertos le dejan cumplir su aniquiladora misión.

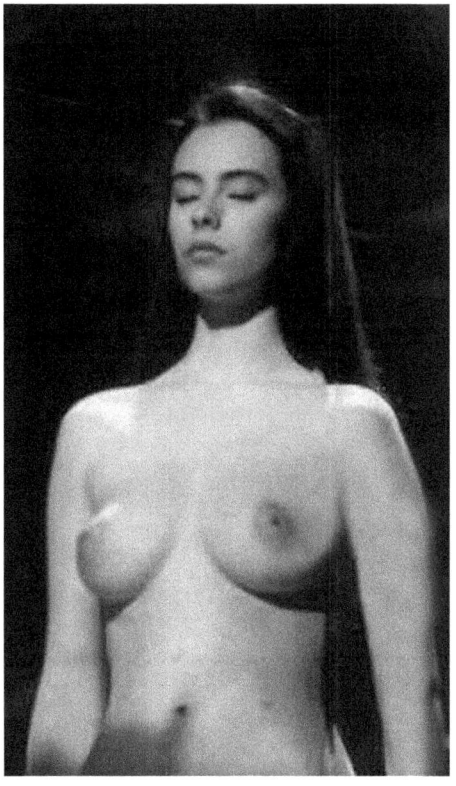

La gran dosis de erotismo y los desnudos integrales continuados de la protagonista, le dieron el suficiente atractivo comercial a esta película, acompañados por unos adecuados efectos especiales, muy correctos cuando nos muestran la ciudad de Londres ardiendo y sumida en el caos ocasionado por los devoradores de infelices humanos. El maquillador Nick Maley hizo un trabajo estupendo, siendo su mejor obra el cadáver parlante de un vampiro seccionado.

Posiblemente el fallo de este interesante filme haya que encontrarlo en el guión de Dan O'Bannon y Don Jakoby (El trueno azul), pues no podemos culpar de los fallos al director Tobe Hopper, autor de "Poltergeist" y "La matanza de Texas", dos clásicos indiscutibles del cine de terror.

En la sección de efectos especiales está John Dykstra, conocido por sus trabajos en "Star Wars" y "Star Trek", mientras que la música pertenece a Henry Mancini, en principio no demasiado adecuado, al menos si tenemos en cuenta sus trabajos en "Días de vino y rosas" y "La pantera rosa". Por eso, cuando escuchamos el scherzo de la Novena Sinfonía de Beethoven ejecutado por la Orquesta Sinfónica de Londres, nuestro asombro es mayúsculo.

BETTY BLUE
(1986)

Director: Jean Jacques Beineix

Intérpretes:
PHILLIPPE LAUDENBACH
BEATRICE DALLE
DANIEL MILLOT

Zorg lleva una vida tranquila: trabaja en el mantenimiento de unos bungaloes en la Riviera francesa y escribe en sus ratos libres.

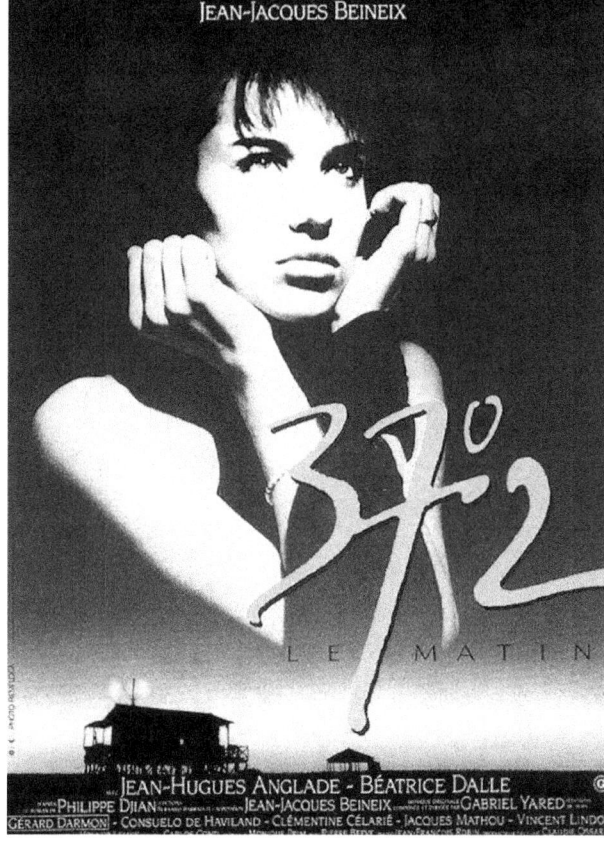

Cuando se enamora de Betty, ésta sólo tiene un deseo: sacar a Zorg del agujero en el que viven y que sea reconocido como un gran escritor. Hasta ese momento la vida de Zorg era tranquila y pacífica, trabajando con dedicación y escribiendo en su tiempo libre, pero cuando Betty entra en su vida todo se le complica, pues ella empieza a cambiar rápidamente y el pobre hombre acaba descontrolándose. La chica es salvaje e impredecible, con un cuerpo que volvería loco al más cuerdo, pero una enfermedad deteriora ambas cosas y la relación entre ambos obviamente se deteriora, aunque ellos intentan salvar su amor. Más romántica imposible.

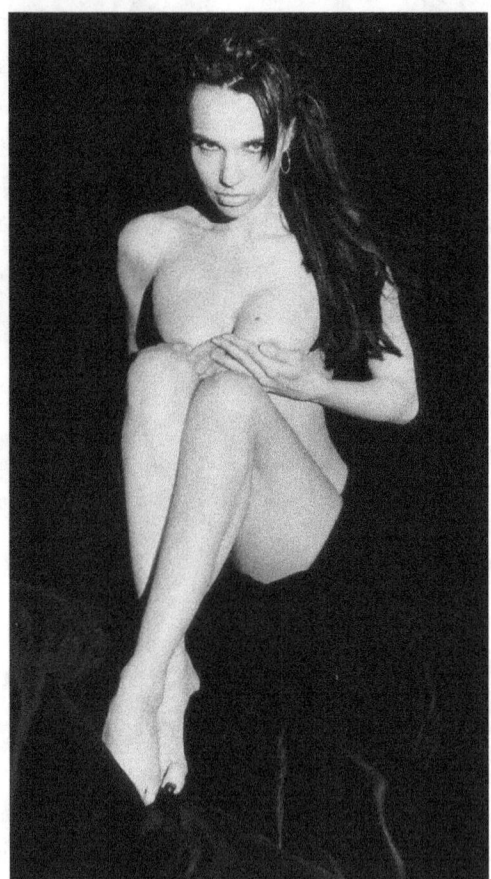

D
I
O
S
A
S

D
E
L

C
I
N
E

D
I
O
S
A
S

D
E
L

C
I
N
E

NUEVE SEMANAS Y MEDIA
NINE 1/2 WEEKS (1986)

Intérpretes:
MICKEY ROURKE: John
KIM BASINGER: Elizabeth
MARGARET WHITTON

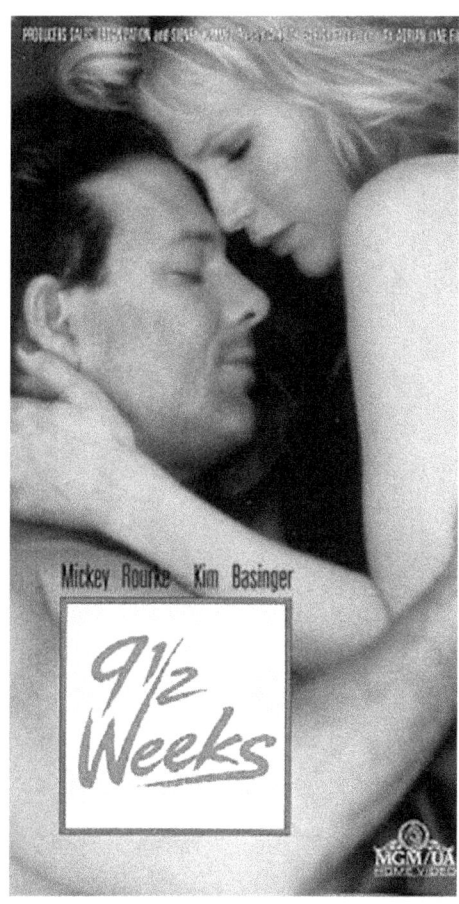

¿Historia porno con escenas sexuales interesantes, o película diferente sobre el sexo? Además está Mickey Rouge, intentando ser sutil con sus expresiones y diálogos para mostrarnos el misterio que rodea a John. Nadie cree que alguien tan feo y desastrado pueda enamorar a una mujer como Basinger, pero en el cine todo es posible.

Ella trabaja en una galería de arte junto a su amiga Molly, pero cuando conoce a John enloquece, algo que ningún espectador termina de

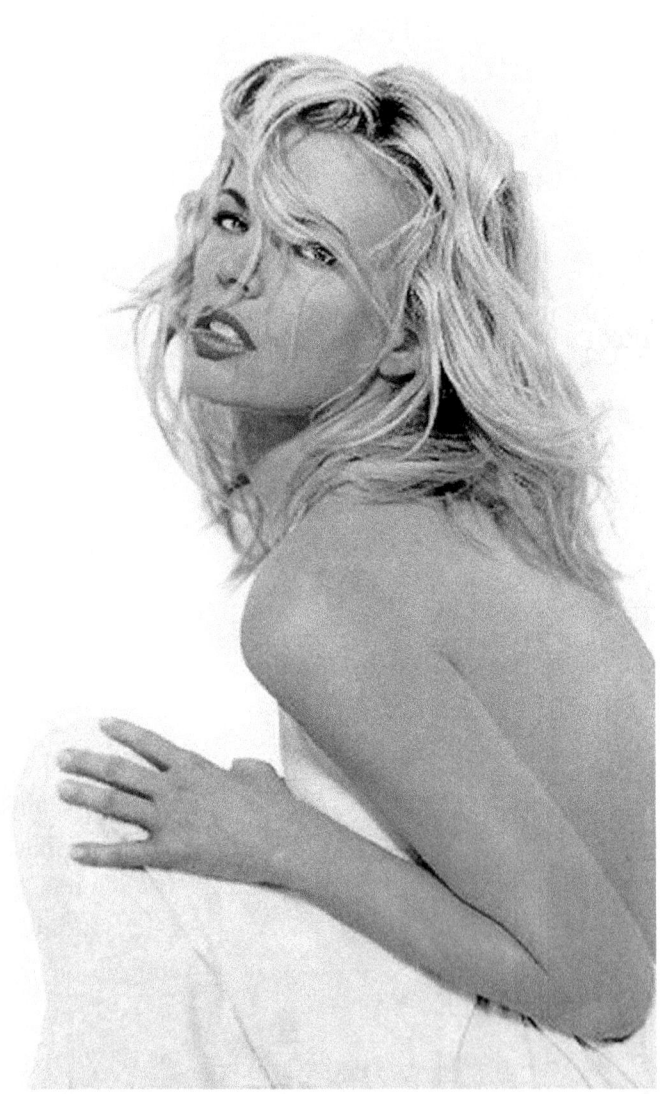

D
I
O
S
A
S

DEL

C
I
N
E

creerse. Finalmente acaban haciendo el amor al son de la música, con luces diversas, mientras la cámara gira para que el espectador disfrute. Este escena sí es creíble.

Kim Basinger da la talla como sex symbol, aportando elegancia corporal y de expresión, por lo que las escenas de sexo alcanzan una gran categoría. Hay una escena, el strip-tease de Basinger al compás de la canción de Joe Cocker "You can leave your hat on", que sirvió para catapultarla a la fama como símbolo sexual de su época. La versión en video –dice la distribuidora- contiene material adicional más audaz, no visto en la edición cinematográfica.

En su estreno en EE.UU. sufrió importantes cortes de censura para no ser catalogada como "X", por lo que el espectador tuvo serios problemas para entender el guión. En Europa, algunas escenas fueron censuradas también, aunque en menor cantidad que en la versión americana. En principio la película duraba 3 horas, pero los cortes de la censura la redujeron sustancialmente, eliminándose incluso algunas escenas de sadomasoquismo.

ATRACCIÓN FATAL
FATAL ATTRACTION (1987)

Director : Adrian Lyne

Intérpretes:
MICHAEL DOUGLAS: Dan Gallagher
GLENN CLOSE: Alex
ANNE ARCHER: Beth

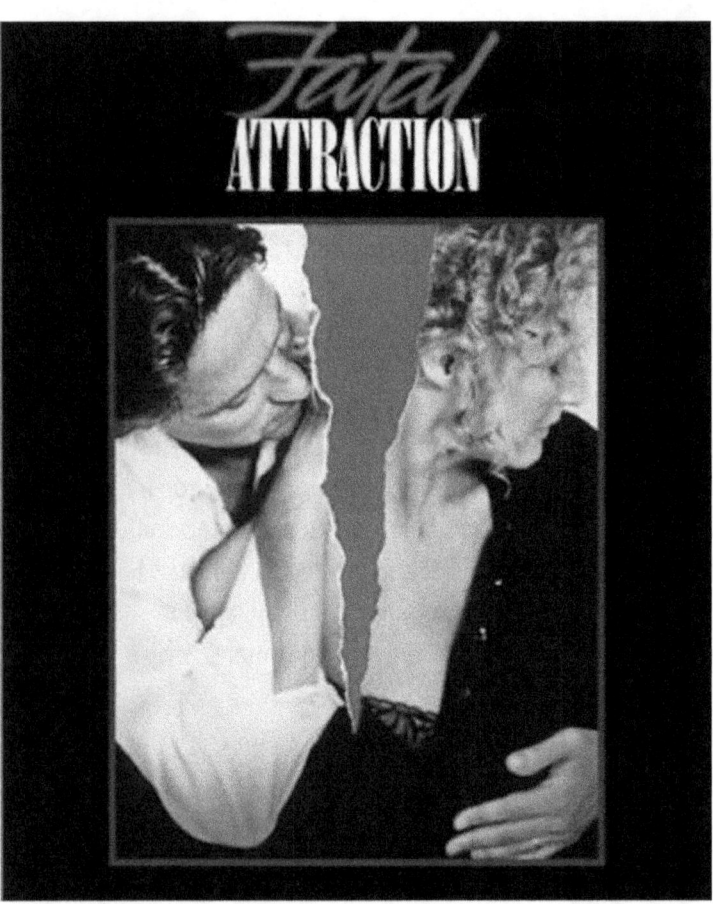

D
I
O
S
A
S

D
E
L

C
I
N
E

Las chicas pueden ser tan acosadoras como los hombres, y en esta película queda claro que es así, aunque el asunto no es tan popular como debería. El chico, un abogado de una empresa, se deja seducir por una guapa mujer, soltera, apasionada, pero ciertamente neurótica. Cuando la relación se torna abrumadora y el matrimonio del abogado está en la cuerda floja, él decide dar por terminada la

D
I
O
S
A
S

D
E
L

C
I
N
E

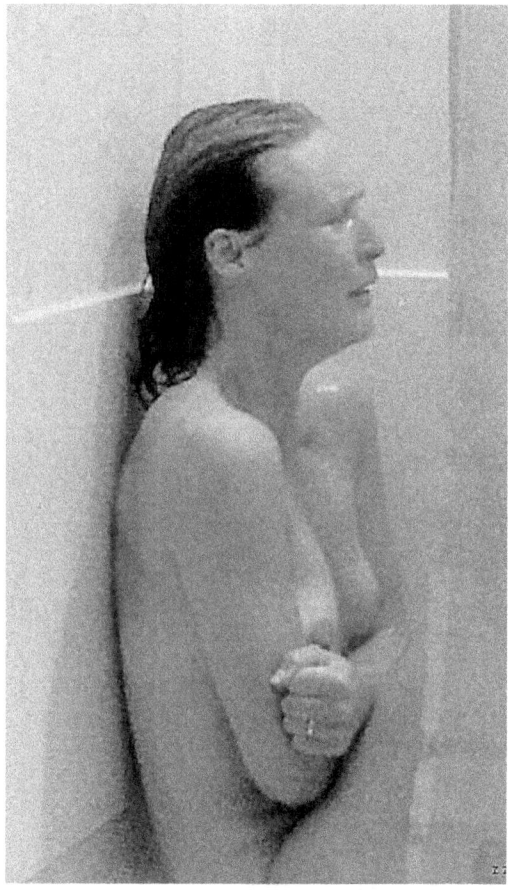

relación amorosa, pero la chica ha invertido muchos besos debajo de las sábanas y quiere continuidad a cualquier precio.

Esta película de suspense brillante entra dentro de la psique de una mujer neurótica quien tiene cuestiones y demonios en su pasado que la llevan a ponerse salvaje con su amado, hasta el punto en que decide matar para intentar recuperar lo que nunca fue suyo.

Glenn Close se muestra glacial como la hembra predadora que acecha a su antiguo amor, acosándolo en cada vuelta, destruyendo su propiedad y actuando como la peor de las chantajistas sentimentales. Michael Douglas, como la víctima de esa mujer despreciada, está correcto y muchos hombres se han podido sentir identificados.

AMISTADES PELIGROSAS
DANGEROUS LIAISONS (1988)

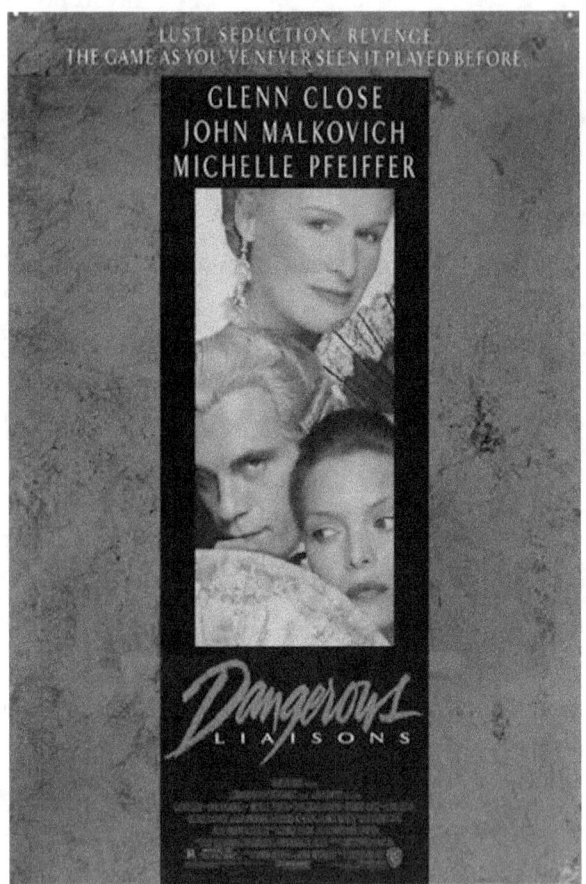

Director: Stephen Frears
Guión: Christopher Hampton

D
I
O
S
A
S

D
E
L

C
I
N
E

D
I
O
S
A
S

D
E
L

C
I
N
E

Intérpretes:

GLENN CLOSE: Marquesa de Merteuil
OHN MALKOVICH: Vizconde de Valmont
MICHELLE PFEIFFER: Madame de Tourvel
KEANU REEVES
UMA THURMAN

Tres Oscars (guión adaptado, dirección artística, vestuario de época) consiguió en 1988 con esta historia ambientada en la Francia del siglo XVIII. Allí hay intrigas amorosas y desvaríos sin fin, especialmente por las maquinaciones de la perversa Marquesa de Merteuil, quien planea vengarse de su último amante con la ayuda de su viejo amigo, el Vizconde de Valmont (John Malkovich), un seductor tan amoral y depravado como ella. Todo se complica cuando una virtuosa mujer casada, Madame de Tourvel (Michelle Pfeiffer), de la que Valmont se enamora, se verá involucrada en las insidiosas maquinaciones de la marquesa. Todo ello adornado con lujo, seducción, erotismo y muchas venganzas, debidamente estructurado gracias al texto de Laclos, quien consigue demostrar que la seducción se convierte con frecuencia en un juego para quien lo ejerce y en una locura para la víctima.

LA INSOPORTABLE LEVEDAD DEL SER
THE UNBEARABLE LIGHTNESS OF BEING (1988)

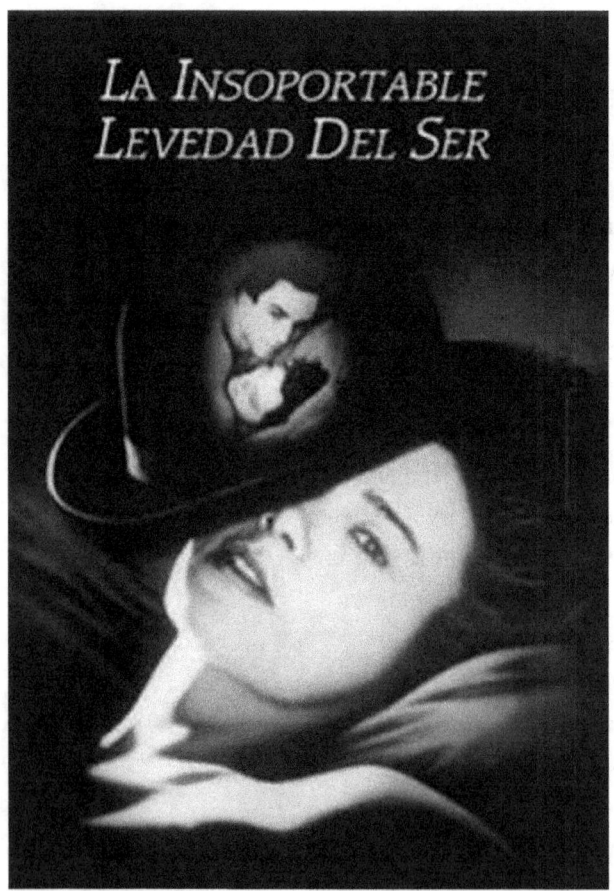

D
I
O
S
A
S

D
E
L

C
I
N
E

Director: Philip Kaufman

Intérpretes:
JULIETTE BINOCHE
DANIEL DAY-LEWIS
LENA OLIN

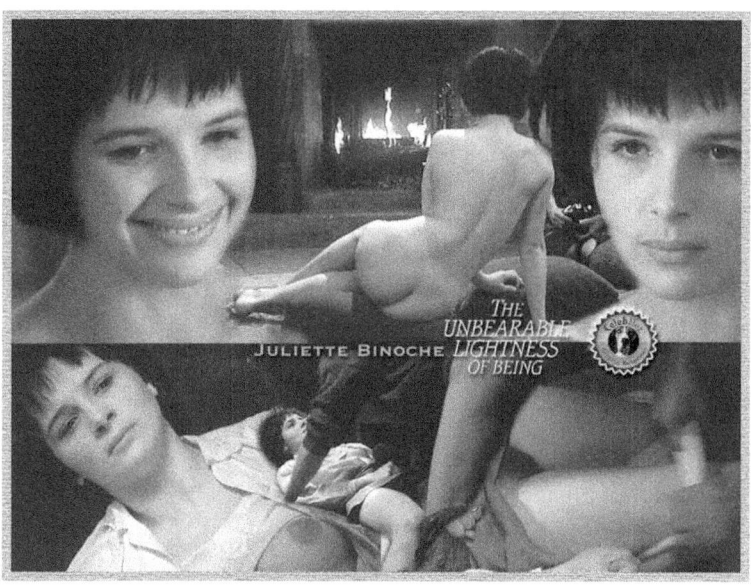

Larga historia cinematográfica basada en la novela de Milan Kundera, con la Praga de 1965 y sus habitantes hablando de libertad y búsqueda de la felicidad. Allí vive Tomas, un mujeriego y consumado cirujano, quien está empeñado en ser feliz a cualquier precio y para ello decide apartar la moralidad y honestidad en su vida, centrándose solamente en el placer inmediato sin compromisos y el consumismo; como casi todos los humanos, solamente que él lo

113

tiene más a su alcance. Está convencido que detrás de las relaciones sexuales está la felicidad, pero cuando el amor aparece en su vida algo le hace cambiar; o al menos así lo describe la novela de Milan Kundera.

El amor triunfa en el filme, pero porque es más sólido y maduro, menos opresivo, lo que al menos aporta algo de moraleja dentro de tanto erotismo superficial.

SEXO, MENTIRAS Y CINTAS DE VÍDEO
SEX, LIES AND VIDEOTAPE (1989)

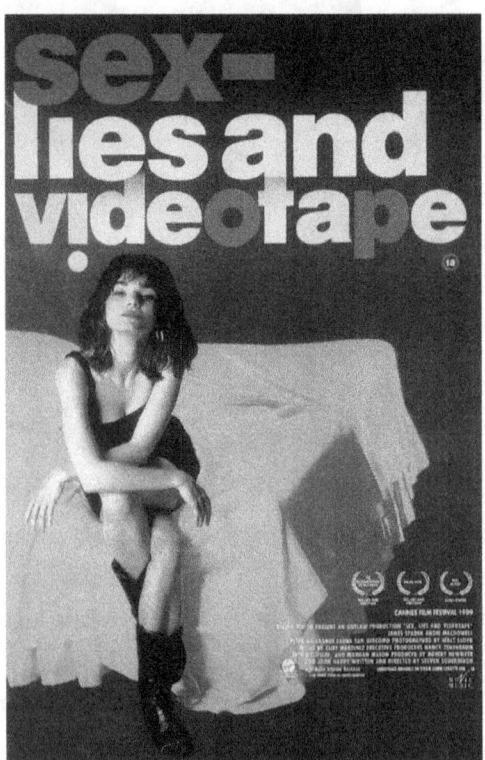

Director: Steven Soderbergh
Música: Cliff Martínez

Intérpretes:
    JAMES SPADER: Graham
    ANDIE MACDOWELL: Ann
    PETER GALLAGHER: John

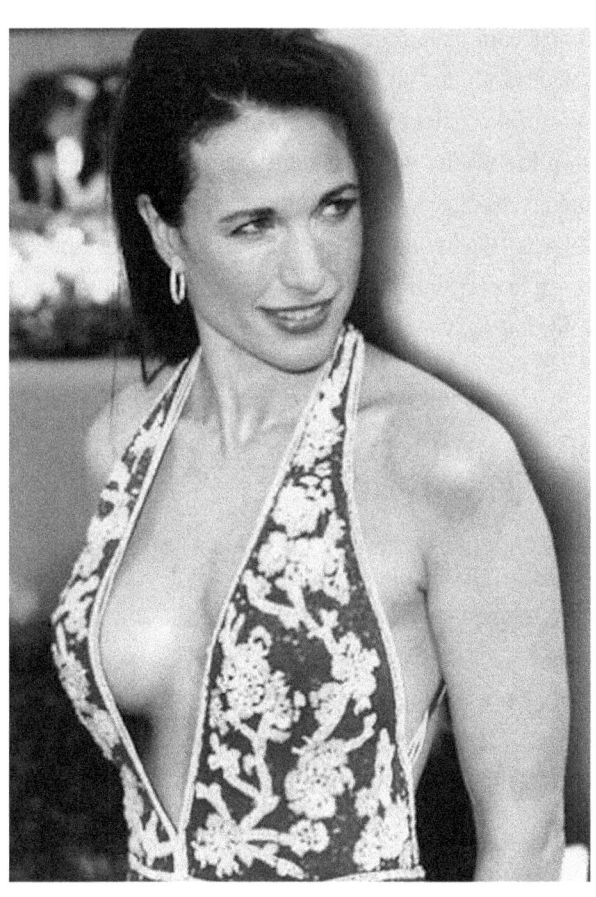

La primera película de Soderbergh consiguió en 1989 la Palma de Oro en Cannes, galardón que nunca logró superar, al menos si tenemos en cuenta la fallida "Solaris" (2003). La trama es aparentemente sencilla, con John, un abogado con pocos escrúpulos casado con Ann, mujer que se encuentra a gusto con su matrimonio pero no siente interés por las relaciones sexuales. Él opina que la solución está en mantener aventuras fuera, encontrándolas muy cerca, en su extrovertida cuñada Cynthia (Laura San Giacomo), cuya personalidad es la otra cara de la moneda de su hermana Ann. Cuando aparece en escena Graham, un antiguo compañero de la universidad de John, la historia comienza a ser un cuarteto erótico curioso.

El guión fue escrito en 8 días, el filme rodado en un mes, el montaje en apenas 30 días, y el presupuesto apenas superó los 1,2 millones de dólares. Que cunda el ejemplo, aunque seguramente el éxito no estuvo en la premura y la avaricia, sino en el talento, y eso no lo arregla ninguna subvención estatal.

LABIOS ARDIENTES
THE HOT SPOT (1990)

Director: Dennis Hooper

Intérpretes:
DON JOHNSON: Harry Madox
VIRGINIA MADSEN: Dolly Harshaw
JENNIFER CONNELLY: Gloria Harper

D
I
O
S
A
S

D
E
L

C
I
N
E

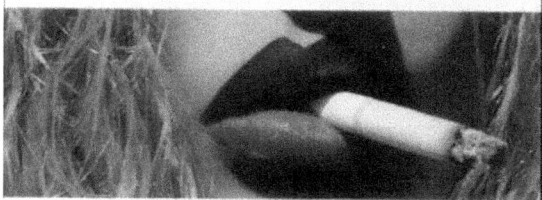

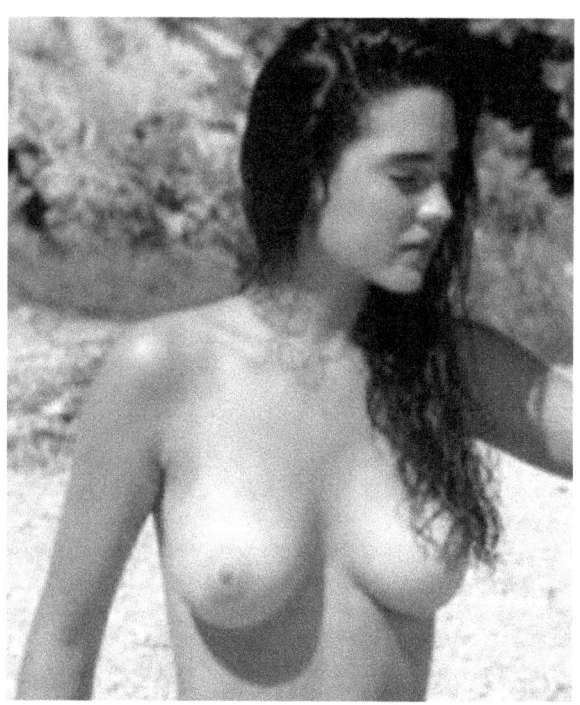

117

Un solitario (Johnson) llega hasta una pequeña ciudad de Texas y consigue un trabajo en un distribuidor de coches usados. Pronto se conocen sus verdaderas intenciones cuando le vemos robando en un pequeño banco local después de intentar abrir una cuenta bancaria. La casualidad ha hecho que en ese momento se declarase un incendio y que todos los empleados vayan a apagarlo, momento en que aprovecha para efectuar el robo. Confiesa su acto a la esposa de su jefe (Madsen), quien aprovecha para manipularlo con chantajes a cambio de guardar silencio. Aunque Harry intenta evitarlo, pues no desea más complicaciones al haberse enamorado de una compañera de trabajo, todo se complica.

ÁTAME
TIE ME UP! TIE ME DOWN! (1990)

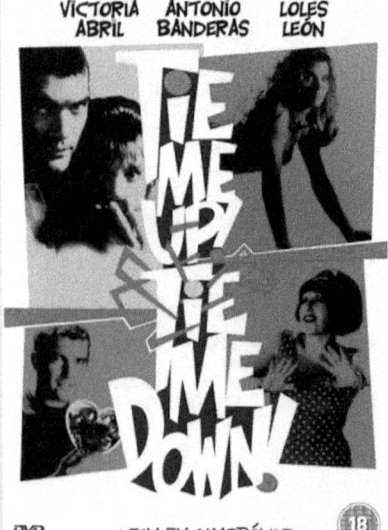

Director:
Pedro Almodóvar

Intérpretes:
VICTORIA ABRIL:
Marina
ANTONIO BANDERAS:
Ricky
LOLES LEÓN: Lola
MARÍA BARRANCO:
Médico

Nos muestra a Ricki, quien ha pasado en su niñez por varios

D
I
O
S
A
S

D
E
L

C
I
N
E

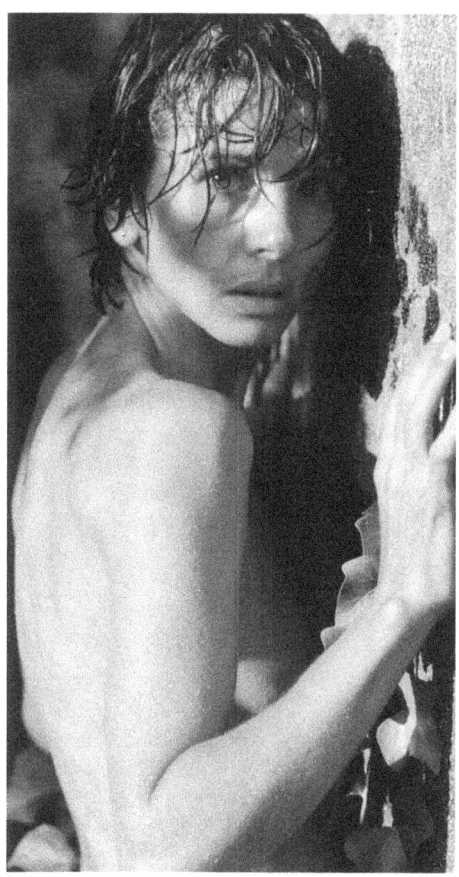

reformatorios. También a Marina, una mujer que ha estado enganchada a las drogas, pero ahora trabaja como actriz en películas pornográficas y de terror. Cuando se conocen Ricki se enamora de ella y la rapta, aunque su finalidad es hacer que ella le ame. El síndrome de Estocolmo se establece prontamente y vemos una buena relación entre ellos, y hasta podríamos decir que se trata de un amor razonable. Pero el espectador no consiguió captar la ironía que es la base de esta película, aunque para los fans de Almodóvar (siempre buscando situaciones sexuales complejas) no resultó difícil. Banderas está adecuado interpretando a un hombre que explora su homosexualidad, aunque en esta ocasión, y sin que sirva de ejemplo, lo más explícito son las relaciones heterosexuales. La pregunta que nos hacemos es si se puede amar a quien nos quita la libertad y nos hace daño, pero tal y como vemos a nuestro alrededor parece ser que sí, y con pasión.

119

ORQUÍDEA SALVAJE
WILD ORCHID (1990)

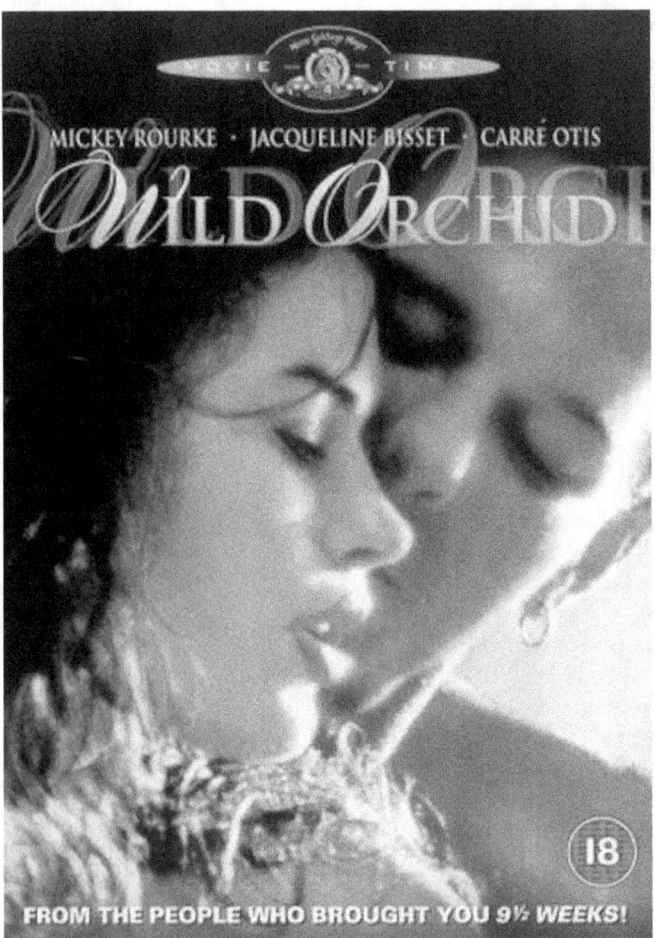

D
I
O
S
A
S

D
E
L

C
I
N
E

Director: Zalman King

D
I
O
S
A
S

D
E
L

C
I
N
E

Intérpretes:
MICKEY ROURKE: James
JACQUELINE BISSET: Claudia
ASSUMPTA SERNA: Hanna

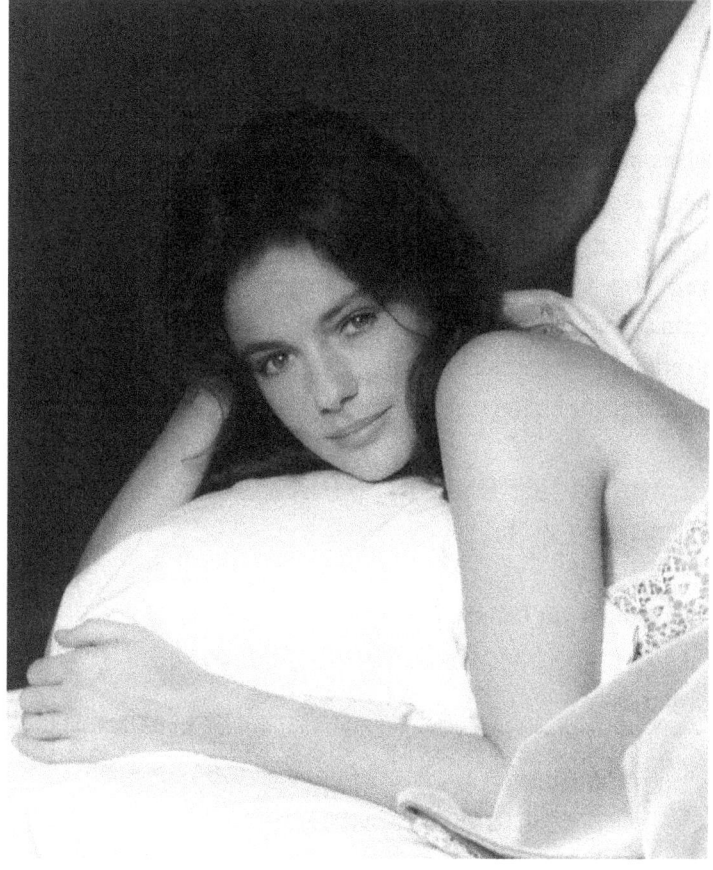

Dirigida por Zalman King y abundante en buen erotismo, esta película hace que el sexo parezca un lujo exótico y casi sobrenatural al que sólo una élite puede acceder. Nosotros sabemos que todo

121

es cuestión de imaginación, por lo que cuestionamos la supuesta autenticidad de sus escenas sexuales, en ocasiones rayando la estupidez.

Pudiera ser que la intención de Zalman fuera seria, pero el mérito no puede estar en la autenticidad de las escenas sexuales (realmente cuatro, sólo dos de ellas muy explícitas), las cuales apenas si cubren el 5 % del metraje, y los desnudos son mostrados con moderación. Mientras que las escenas sexuales podrían ser eróticas por si mismas, no lo son cuando forman parte del contexto. Para muchos, son algo desagradables.

Mickey Rourke es un joven abogado contratado por una firma de Nueva York e inmediatamente enviado a Río de Janeiro para negociar un asunto inmobiliario junto a Jacqueline Bisset, una mujer desconcertante, aunque sumamente bella. Que luego él sea capaz de seducirla nadie se lo cree, pero el guionista ha decidido que así sea.

LA PRIMERA EXPERIENCIA
FLIRTING (1991)

Director: John Duigan

Intérpretes:
   NOAH TAYLOR: Danny Embling
   THANDIE NEWTON: Thandiwe
   NICOLE KIDMAN: Nicole

John Duigan tiene cierto prestigio, lo mismo que algunos de los actores, y utilizando sus verdaderos nombres intenta darle un aire de veracidad a la historia. La idea central era que el espectador nunca

122

D
I
O
S
A
S

D
E
L

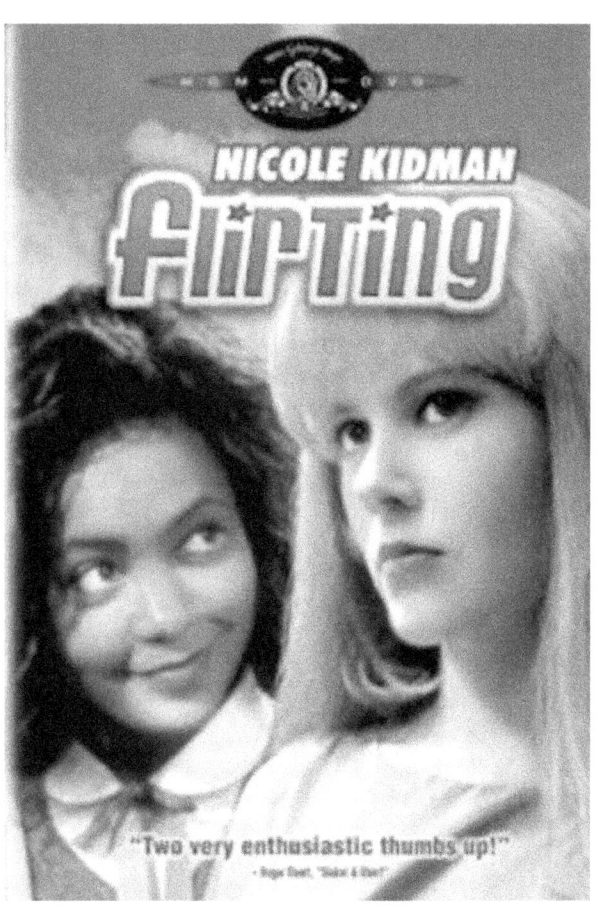

C
I
N
E

supiera dónde empieza la realidad y cuál es la ficción. Para ello nos llevan hasta el ambiente de una escuela pública, con chicos muy machos, chicas ardientes, bastante camaradería, amores súbitos y muchos bailes. Newton y Taylor tienen un romance encantador, casi tanto como ellos mismos, pero un malentendido (una carta) lo estropea, hasta que el oportuno e intenso beso soluciona las cosas mejor que mil palabras.

La historia, de puro sencilla parece estúpida, pero funciona. A descubrir, una jovencísima Nicole Kidman.

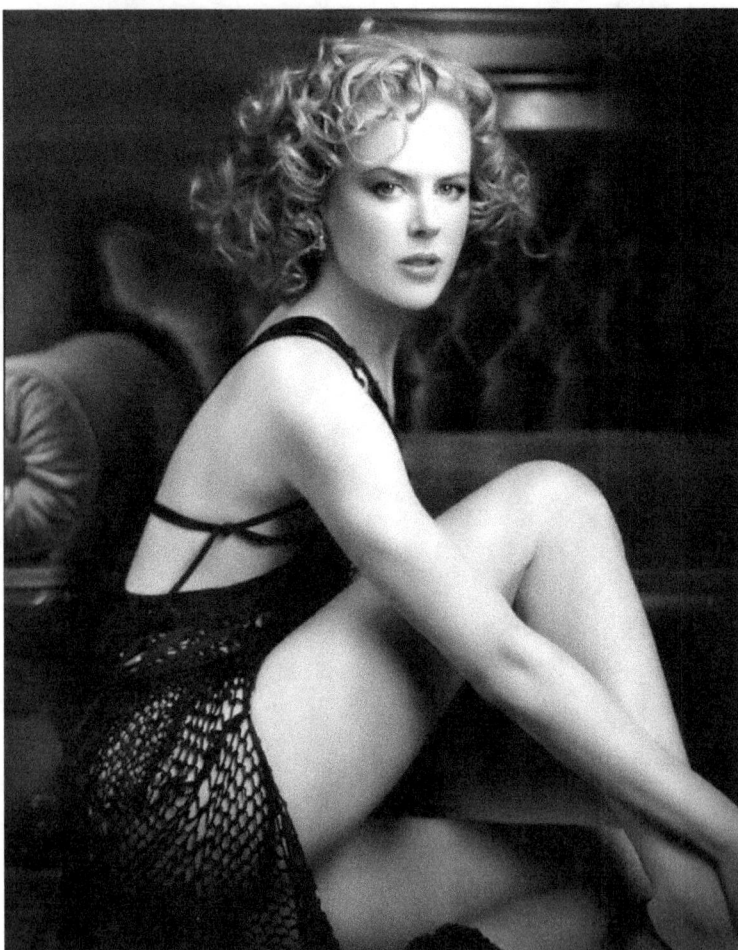

D
I
O
S
A
S

D
E
L

C
I
N
E

D
I
O
S
A
S

D
E
L

C
I
N
E

PUTA
WHORE (1991)

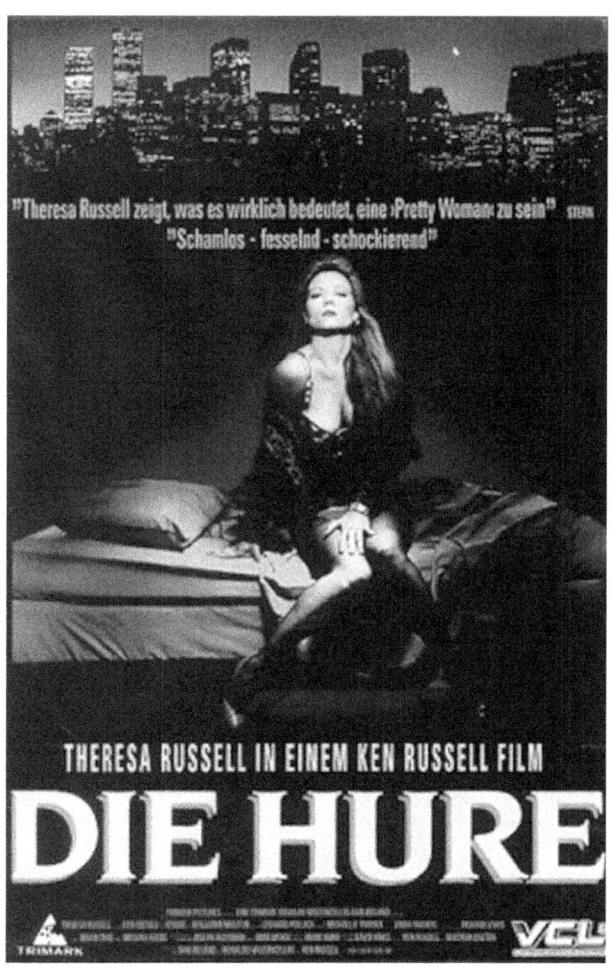

Director: Ken Russell

Intérpretes:

THERESA RUSSELL: Liz

MICHAEL CRABTREEE: Hombre del coche

JOHN DIEHL: Derelict

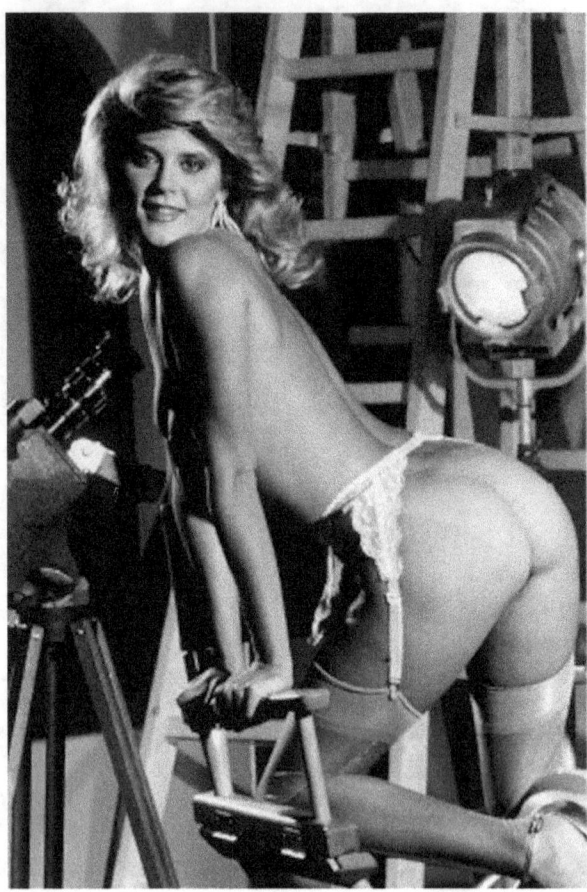

Con un título adecuado para no llamarse a engaño, el espectador es introducido en una historia británica que ha sido adaptada para

D
I
O
S
A
S

D
E
L

C
I
N
E

los norteamericanos. Los críticos odian estas cosas, pero el resultado es bastante aceptable. La trama nos muestra personajes bien dibujados, algo de humor, sexo (por supuesto), y otros elementos que le proporciona diversión en esta historia lasciva de Ken Russell. Como aliciente añadido, la corta intervención de la estrella del porno Ginger Lynn Allen y el actor Jack Nance.

INSTINTO BÁSICO
BASIC INSTINCT (1992)

Director: Paul Verhoeven
Guión: Joe Eszterhas
Música: Jerry Goldsmith

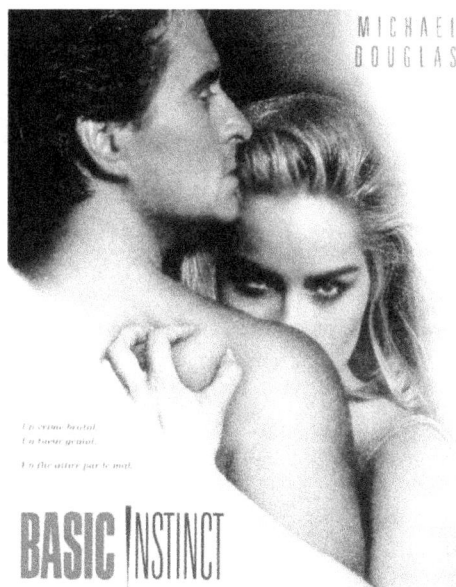

Intérpretes:

MICHAEL DOUGLAS

SHARON STONE

GEORGE DZUNDZA

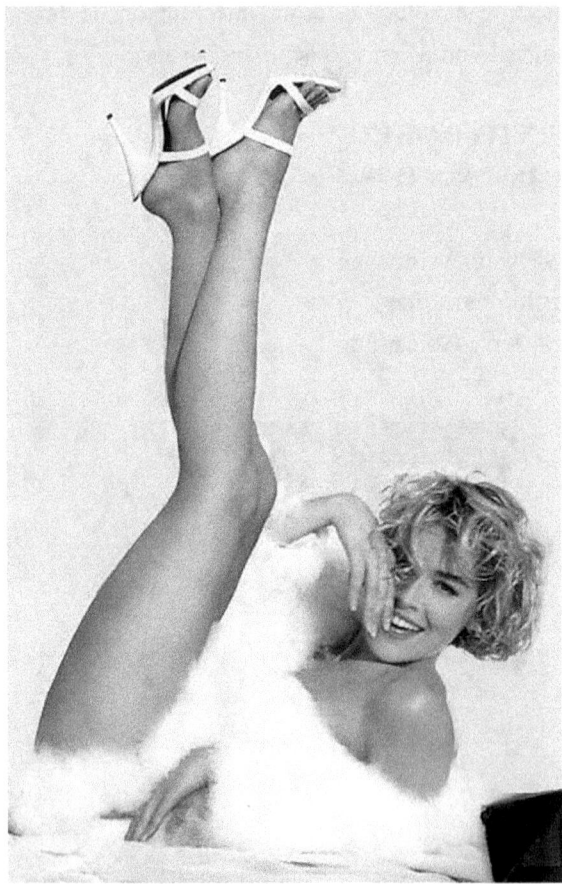

D
I
O
S
A
S

D
E
L

C
I
N
E

El cruce de piernas dejando ver fugazmente el felpudo florido de Sharon Stone, fue el mejor aliciente para ir a verla, y eso que hay

128

que tener la vista muy aguda para percibirlo. Ella (Stone) no lo tiene diferente al resto de las mujeres, al menos en lo esencial, pero es que de puro malvada nos resulta mucho más atractiva.

Hay también un punzón de hielo, un antiguo cantante de rock brutalmente asesinado en su cama, y una atractiva escritora de novelas de intriga que rompe los sentidos de cualquier varón que acabe encima (o debajo) de ella.

La película fue un éxito de taquilla, y el guión ya se cotizaba con letras de oro antes de ser llevado a la pantalla, siendo considerado hasta entonces la historia mejor pagada. Lo cierto es que este thriller es brillante, con mucho ritmo y un suspense bien dosificado para no abrumar, además de una historia de lesbianas que siempre encandila al espectador, y bastante violencia explícita. Sharon Stone, sublime.

SEX AND ZEN
ROU PU TUAN ZHI TOU QING BAO JIAN (1992)

Director: Michael Mak

Intérpretes:
    AMY YIP
    LAWRENCE NG
    ISABELLA CHOW

Un film acerca de los juegos sexuales y sus consecuencias, con un hombre recién casado que emprende una búsqueda para conocer a las mujeres de otros tras haber mantenido una conversación con un monje sobre sus diferencias filosóficas y morales. Obviamente

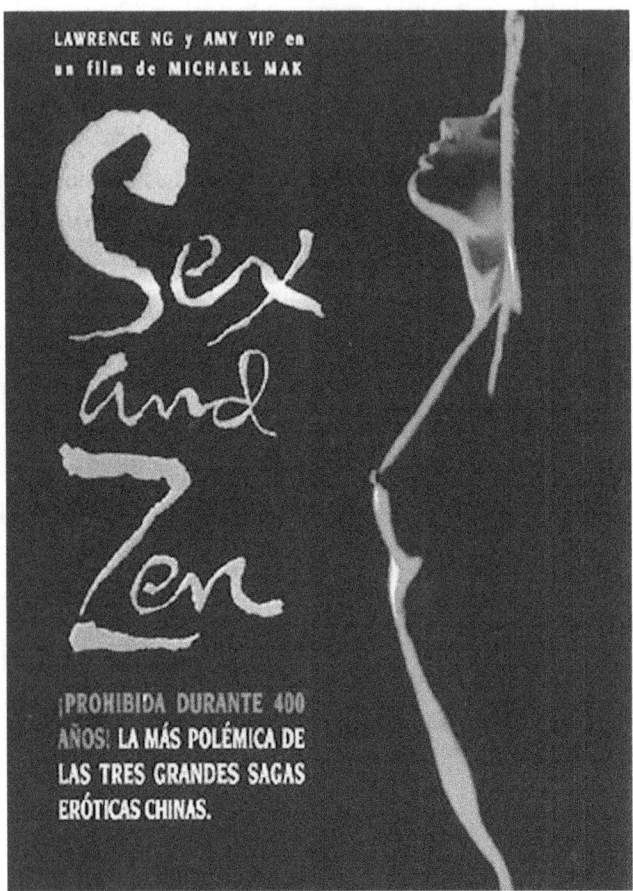

nadie le pone las cosas fáciles, más que nada porque los maridos se tornan celosos y ellas practican el habitual sistema del engaño.

Él quiere satisfacer todos sus impulsos sexuales y ser capaz de seducir a cualquier mujer que desee. El chico es un iluso, eso está claro, más que nada porque las represalias de los varones le harán perder los dientes y algo más.

Él sostiene que, puesto que no somos inmortales, porqué no

D
I
O
S
A
S

D
E
L

C
I
N
E

aprovechar la existencia haciendo el amor con muchas mujeres para dar sentido a la vida. Una vez que se da cuenta que ello no es posible, se casa con una guapa chica para dar rienda suelta a sus apetitos carnales desbocados. El problema es que su órgano viril no es el adecuado para tal desenfreno y decide someterse a un transplante de pene cuyo desafortunado donante es un semental equino maravillosamente dotado. Veremos el resultado.

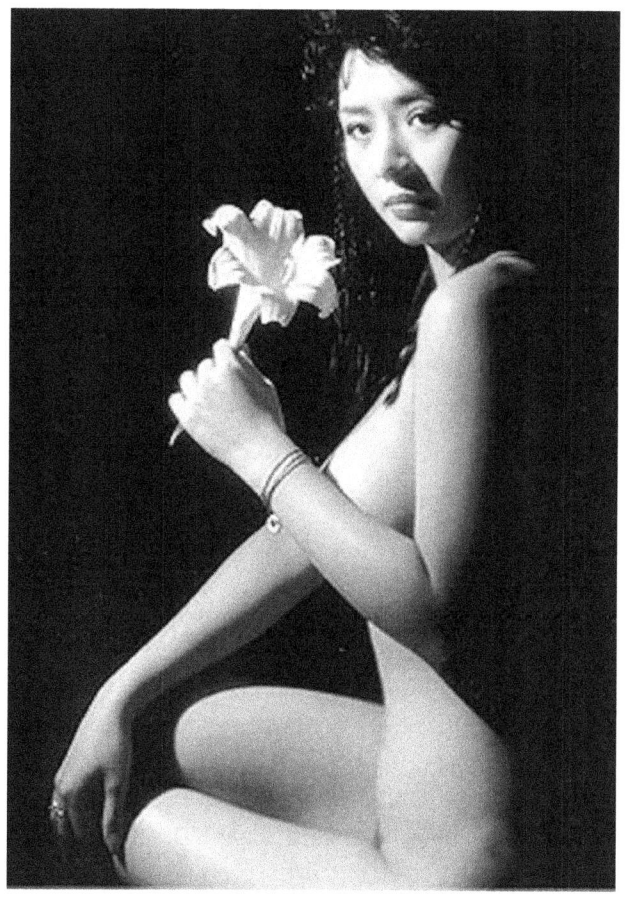

LUNAS DE HIEL
BITTER MOON (1992)

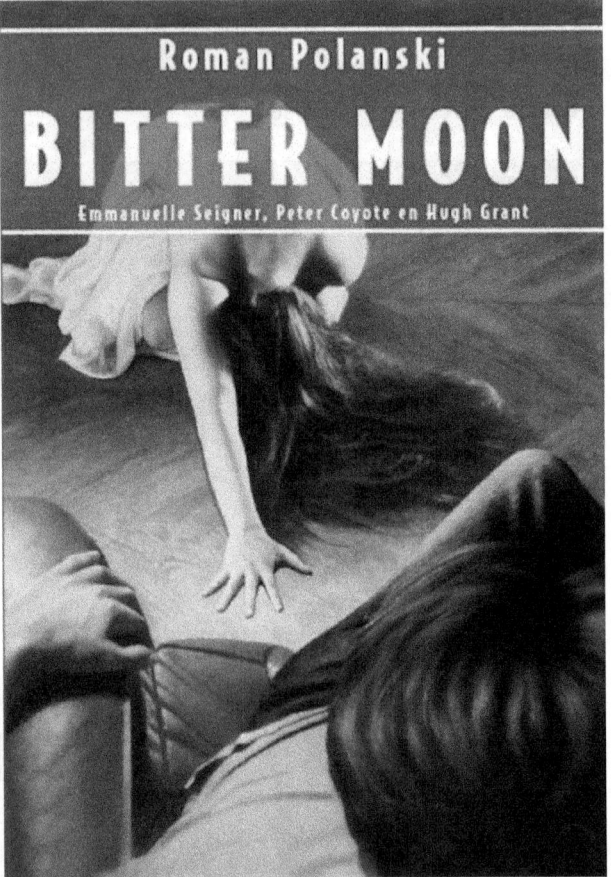

Director: Roman Polanski
Guión: Roman Polanski, Gerard Brach y John Brownjohn

D
I
O
S
A
S

D
E
L

C
I
N
E

Intérpretes:
HUGH GRANT: Nigel
KRISTIN SCOTT THOMAS: Fiona
EMMANUELLE SEIGNER: Mimi
PETER COYOTE: Oscar

D
I
O
S
A
S

D
E
L

C
I
N
E

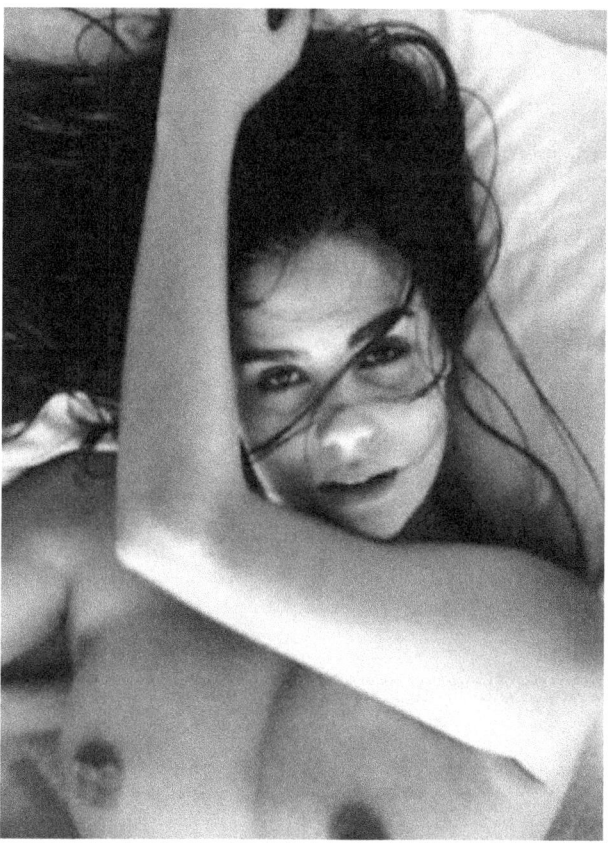

La historia se centra alrededor de un tema familiar, tratando de demostrar que somos capaces de ser tanto el torturador como la víctima, y por lo general ambos simultáneamente; pero si alguien duda de la validez de este pensamiento, le recomendamos que vea la película. Si ha estado inmerso en una relación torcida y dolorosa, también se la recomendamos. De otro modo quizá le sea difícil de aguantar.

En esencia, la película está bien trabajada, casi lírica de vez en cuando, con esa historia ambientada en el París contemporáneo, con algunos personajes a bordo de un barco de recreo a la India. Nigel y su esposa Fiona, pasan unas vacaciones para animar un matrimonio estable pero aburrido. Las parejas pronto comienzan a tener problemas, destacando Emmanuelle, la esposa real de Polanski, en un magnífico trabajo y con una figura espléndida. Solamente el problema legal que mantuvieron Polanski y la ley norteamericana, empobreció los resultados económicos.

No es su mejor película, pero sí uno de sus mejores trabajos. Cuando la escena empieza a ser tediosa, la corta bruscamente, proporcionando finalmente una dirección compleja y sumamente sofisticada.

HERIDA
DAMAGE (1992)

Director: Louis Malle

Intérpretes:
JEREMY IRONS: Stephen
JULIETTE BINOCHE: Anna
MIRANDA RICHARDSON: Ingrid

D
I
O
S
A
S

D
E
L

C
I
N
E

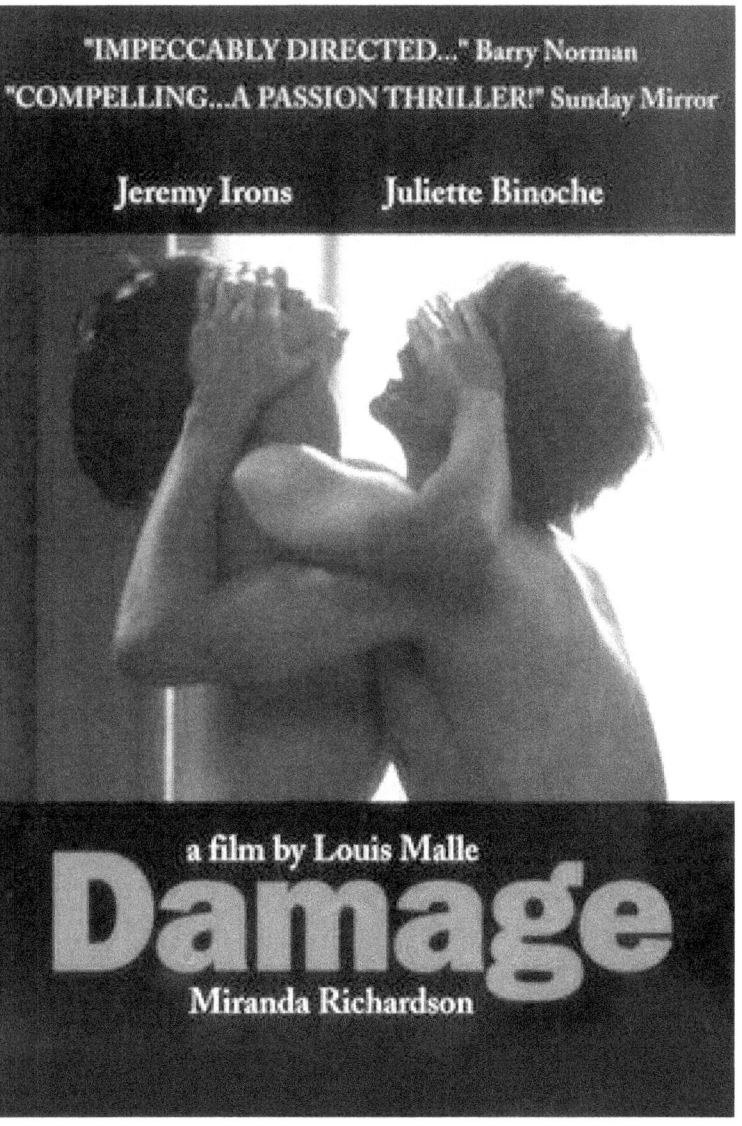

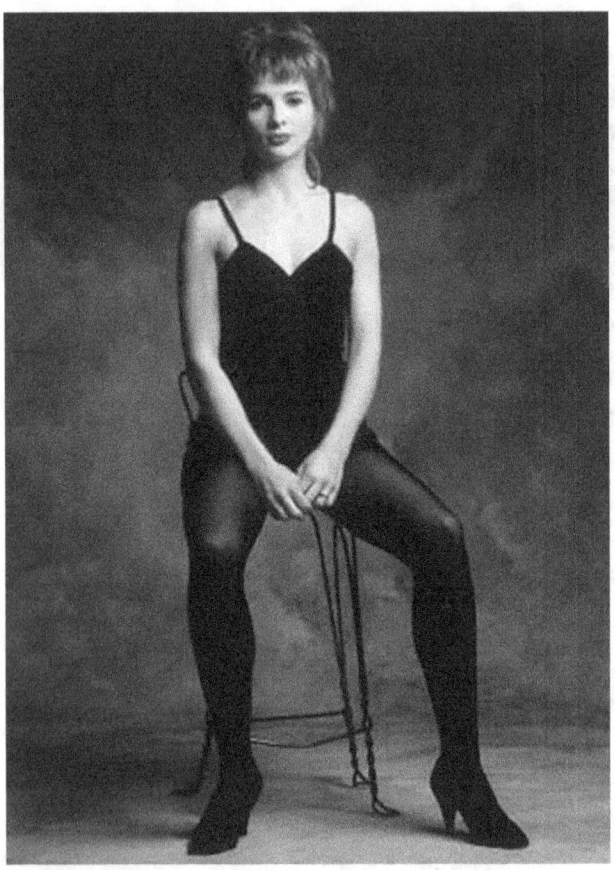

D
I
O
S
A
S

D
E
L

C
I
N
E

Herida supone una mirada intensa al lado oscuro de la naturaleza humana, tal y como se describe en la novela. Aunque se trata de un triángulo de amor, examina cuestiones de moralidad y recomienda no ceder ante lo que se denomina como "moralidad". Esta historia es completamente diferente a "American Beauty", aunque posiblemente a los espectadores de aquella también les guste ésta. En la trama están involucrados varios miembros de una familia, con un tono trágico y misterioso desde el principio.

EL AMANTE
The Lover (1992)

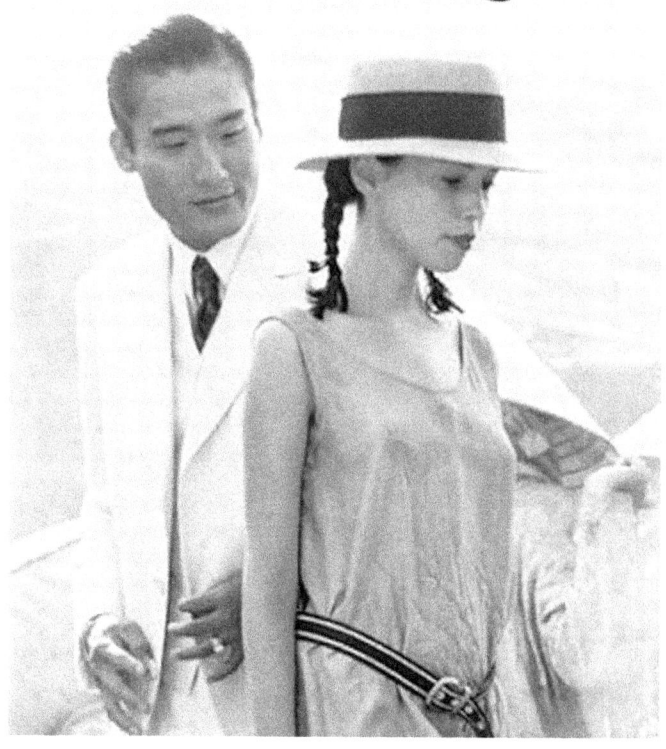

Director: Jean-Jacques Annaud

D
I
O
S
A
S

D
E
L

C
I
N
E

Intérpretes:

TONY LEUNG KA FAI

JANE MARCH

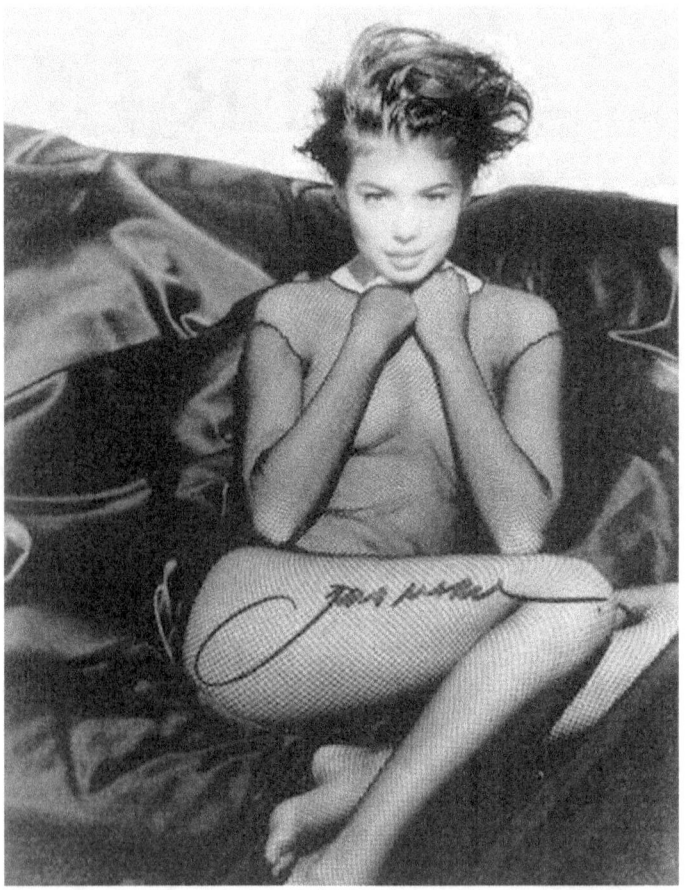

D
I
O
S
A
S

D
E
L

C
I
N
E

Estamos en el Vietnam francés de 1929. Una muchacha joven francesa, de una familia que tiene algunas dificultades económicas, vuelve al internado. Viaja sola en aquel autobús cuando es invitada

138

por un hombre rico chino. Él le ofrece un paseo en la ciudad en el asiento trasero de su sedán con chofer, lo que deja claras sus intenciones. El asunto tórrido que comienza entonces entre ambos logra anular las restricciones clasistas y las costumbres sociales de aquel tiempo, tal y como se describe también en la novela autobiográfica de Maugerite Duras.

MUJER BLANCA SOLTERA BUSCA…
Single White Female (1992)

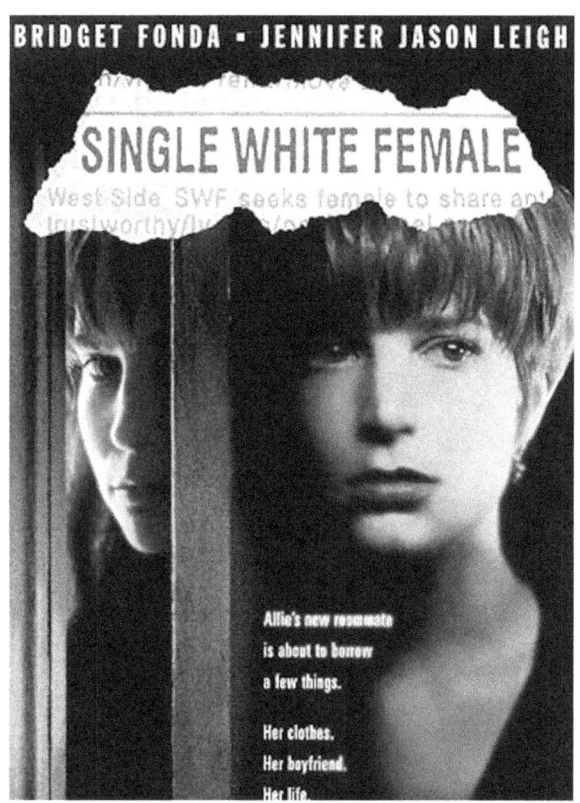

Director: Barbet Schroeder

Intérpretes:
    BRIDGET FONDA: Allison
    JENNIFER JASON LEIGH: Hedra
    STEVEN WEBER: Sam

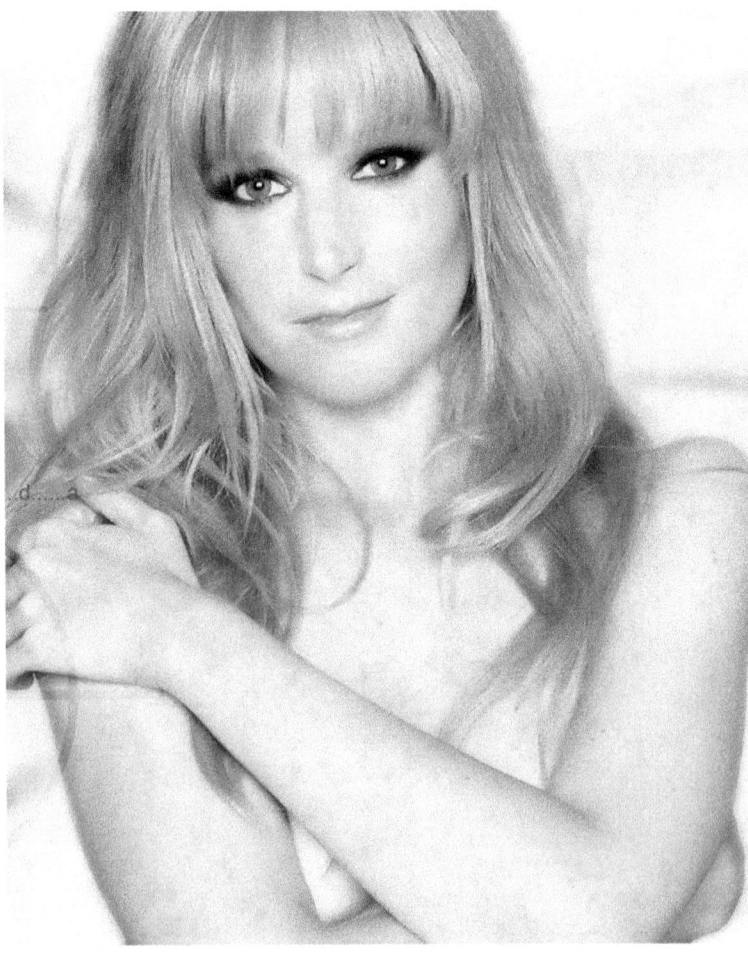

D
I
O
S
A
S

D
E
L

C
I
N
E

D
I
O
S
A
S

Jennifer Jason Leigh es una de las actrices más versátiles y con más talento del cine moderno, tal y como ha demostrado desde que debutó en *Ridgemont High* de 1982. Sin embargo, todavía ni siquiera ha sido nominada para un Oscar. Ahora debe rivalizar con Bridget Fonda en este filme con personajes crueles, amistad y algo de amor.

Nos cuentan que tras echar a su infiel novio de casa, Alison Jones, una triunfadora ejecutiva de Nueva York, pone un anuncio en el periódico, buscando a alguien para compartir piso. Pronto acude al reclamo una chica tímida y poco atractiva de nombre Hedra Carlson, aunque muy inteligente. La relación entre ellas se hace muy especial, convirtiéndose en amigas inseparables, pero también excesivamente dependientes. Cuando Alison se reconcilia con su novio, Hedra manifiesta celos intensos e inicia una relación molesta y acosadora.

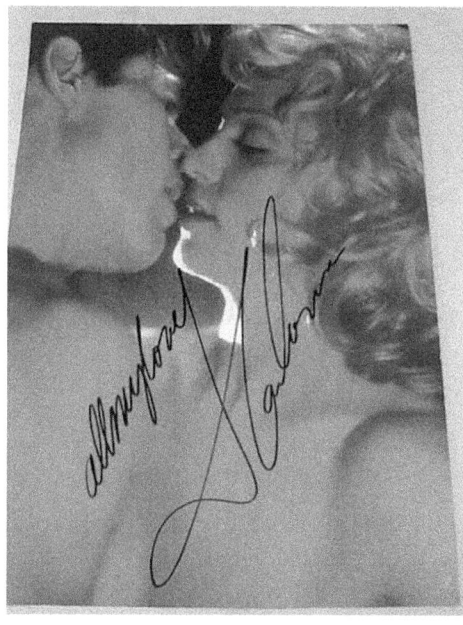

**EL CUERPO
DEL DELITO**
BODY OF
EVIDENCE (1993)

Director: Uli Edel

Intérpretes:
MADONNA: Rebecca
MICHAEL FOREST:
Andrew
JOE MANTEGNA :
Robert

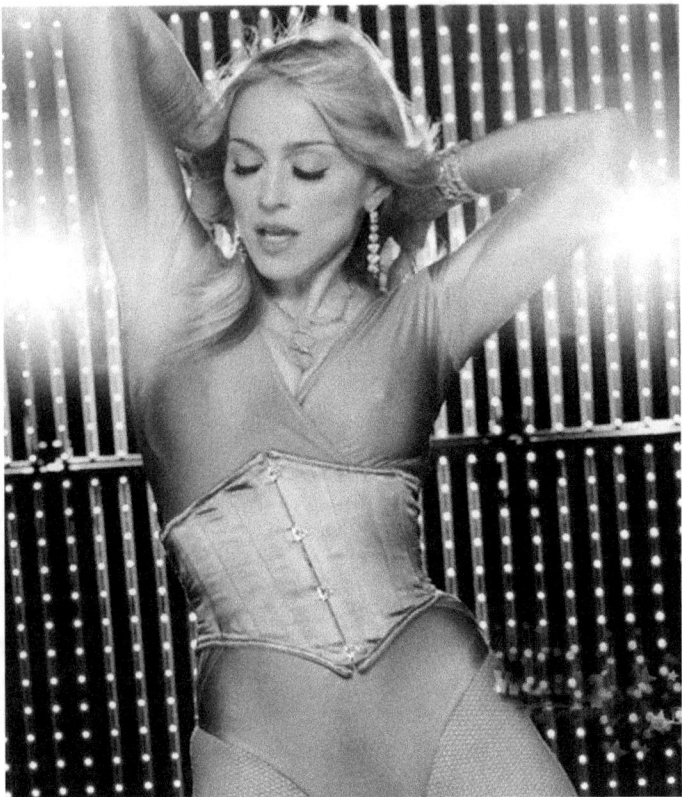

D
I
O
S
A
S

D
E
L

C
I
N
E

Pura basura erótica, con Madonna interpretando a Rebecca, una mujer acusada del asesinato de su amante, un hombre mucho mayor que ella. ¿Causa de la muerte? La posibilidad es que ella es insaciable y apasionada en la cama, así que su amante ha podido morir de un infarto, una muerte ciertamente placentera para cualquiera, salvo para el juez.

Aunque la historia sea ridícula, quizá hasta intencionadamente cómica, lo sorprendente es que alguien haya aprobado ese guión. Más gracioso es que los admiradores de la popular cantante la hayan alquilado o comprado en DVD.

MI OBSESIÓN POR HELENA
Boxing Helena (1993)

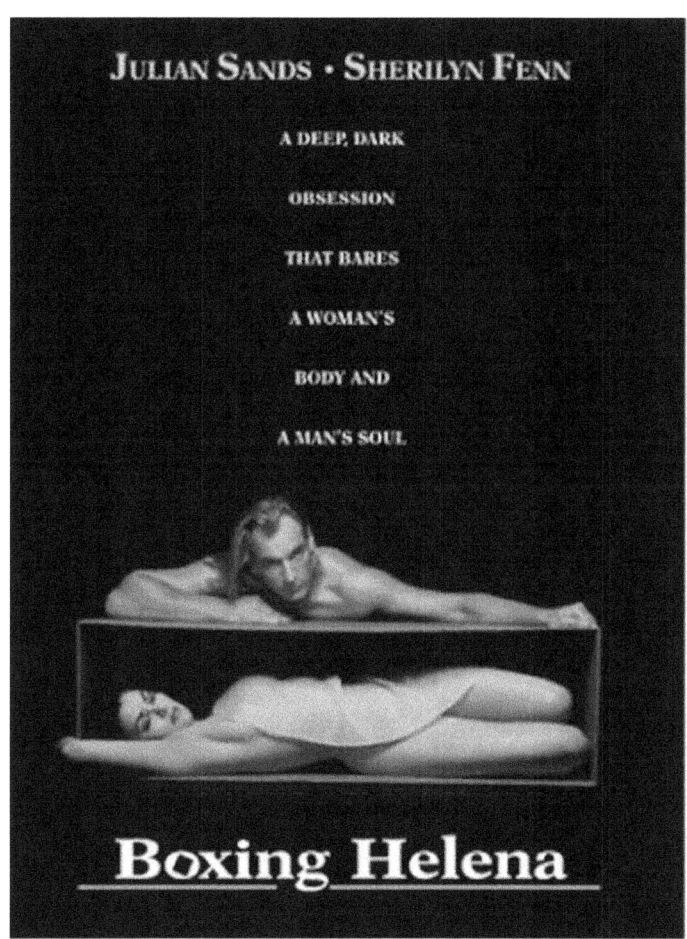

Director: Jennifer Chambers

Intérpretes:

    JULIA SANDS: Dr. Nick

    SHERILYN FENN: Helena

    BILL PAXTON: Ray

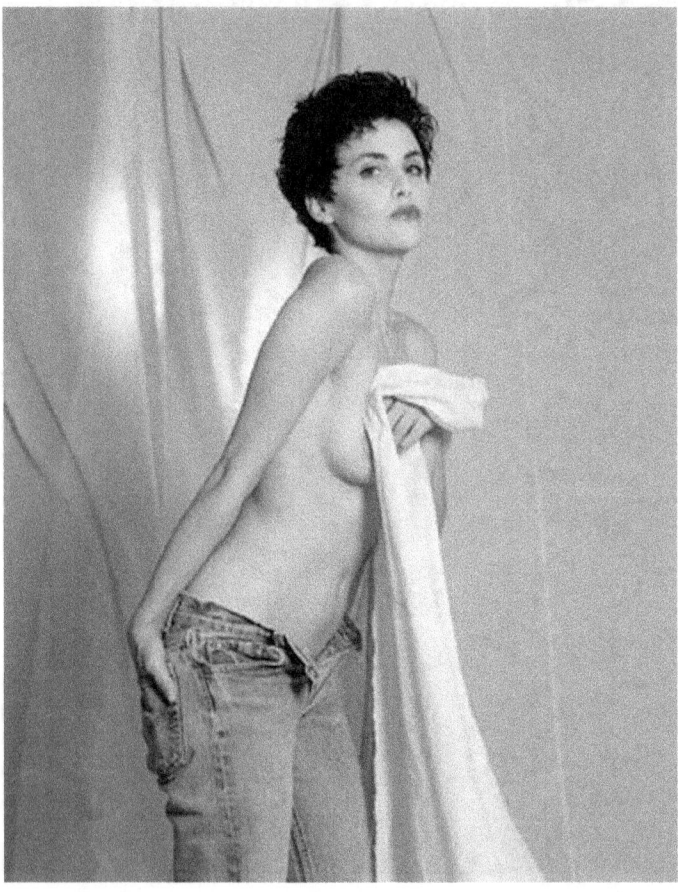

Esta historia sobre la atracción que ejerce un hombre sobre una mujer no parece muy interesante, como efectivamente así sucede.

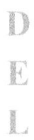

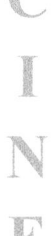

En Hollywood quisieron hacer una película artística, pero terminaron haciendo algo aburrido con lágrimas. Lo peor es que las intenciones del guionista eran hacer algo de terror y psicopatía, pero en cambio solamente logró una seudo-artística farsa y una pseudo-psicosis.

Además, Bill Paxton está horrible en su interpretación, con esa mirada perdida, su postura de ingenuo, proporcionando un personaje similar a una fotonovela.

Kim Basinger había sido propuesta para el personaje principal, pero rechazó el trabajo pronto.

JAMÓN, JAMÓN
(1993)

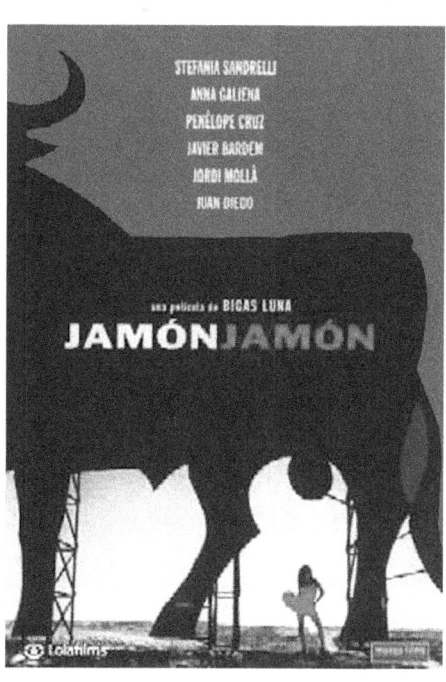

Director: Bigas Luna
Guión: Bigas Luna, Cuca Canals
Fotografía: José Luis Alcaine

Intérpretes:
    STEFANIA SANDRELLI
    ANNA GALIENA
    JUAN DIEGO
    PENÉLOPE CRUZ
    JAVIER BARDEM

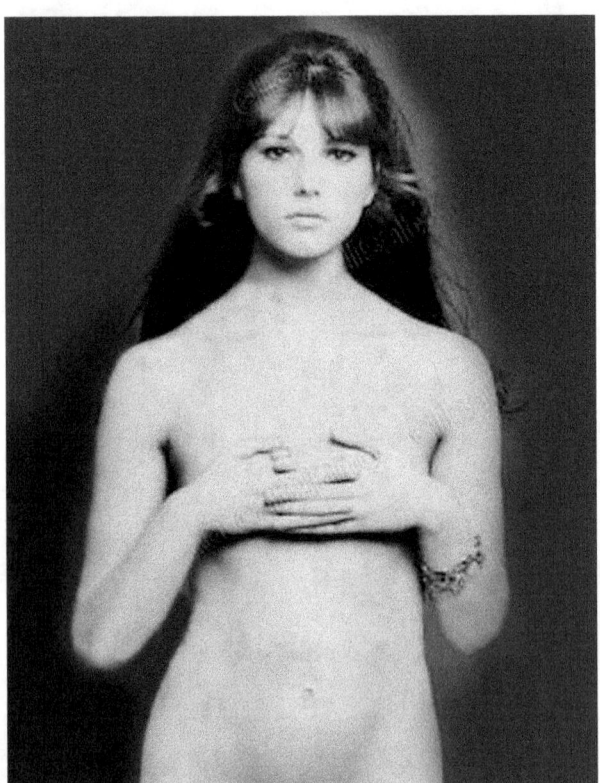

D
I
O
S
A
S

D
E
L

C
I
N
E

José Luis es un chico de familia acaudalada que se enamora de Silvia, una de las empleadas de sus padres, propietarios de una fábrica de ropa interior masculina. Como consecuencia del idilio ella se queda embarazada y ambos deciden casarse en contra de la decisión de los padres del chico, pues la madre de la guapa moza es una prostituta. Pronto le buscan otro novio, un joven aspirante a torero (como estamos en España…), quien pronto se enamora perdidamente de la chica. Así de sencillo.

ACOSADA
SLIVER (1993)

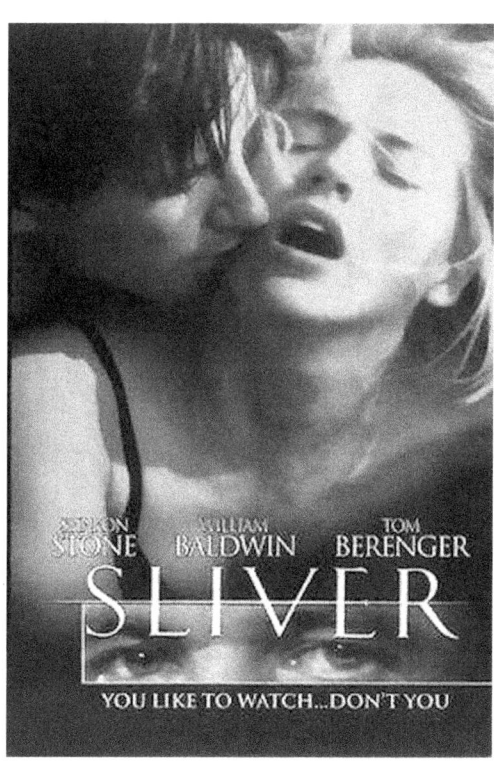

Director: Phillips Noyce
Guión: Joe Eszterhas

Intérpretes:
SHARON STONE: Carly
WILLIAM BALDWIN: Zeke
TOM BERENGER: Jack
MARTIN LANDAU

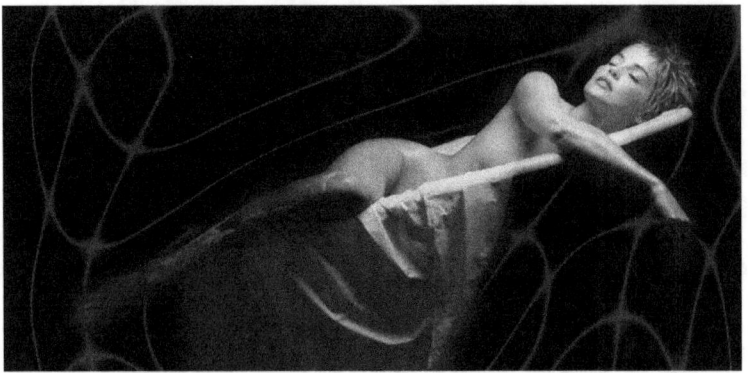

Nuestra guapa rubia se llama ahora Carly Norris, quien un mal día decide irse a vivir a un lujoso edificio de la zona alta de Nueva York. A ella no le importa que antes ocurrieran varios accidentes misteriosos y mortales en su apartamento, lo mismo que a su vecino Zeke (soltero y guapo). Sin embargo, a su otro vecino Jack (autor de novelas sobre crímenes reales), esos acontecimientos le tienen obsesionado y cree que algo malo ocurrirá de nuevo en ese edificio.

Sharon Stone nos regala algún desnudo como es costumbre, pues sus admiradores así lo exigen, pero ahora no son suficientes y el mediocre guión es tan predecible como que nos saldrá un chichón cuando nos tiren una piedra a la cabeza.

D
I
O
S
A
S

D
E
L

C
I
N
E

EL GRAN MAR DE LOS SARGAZOS
Wide Sargasso Sea (1993)

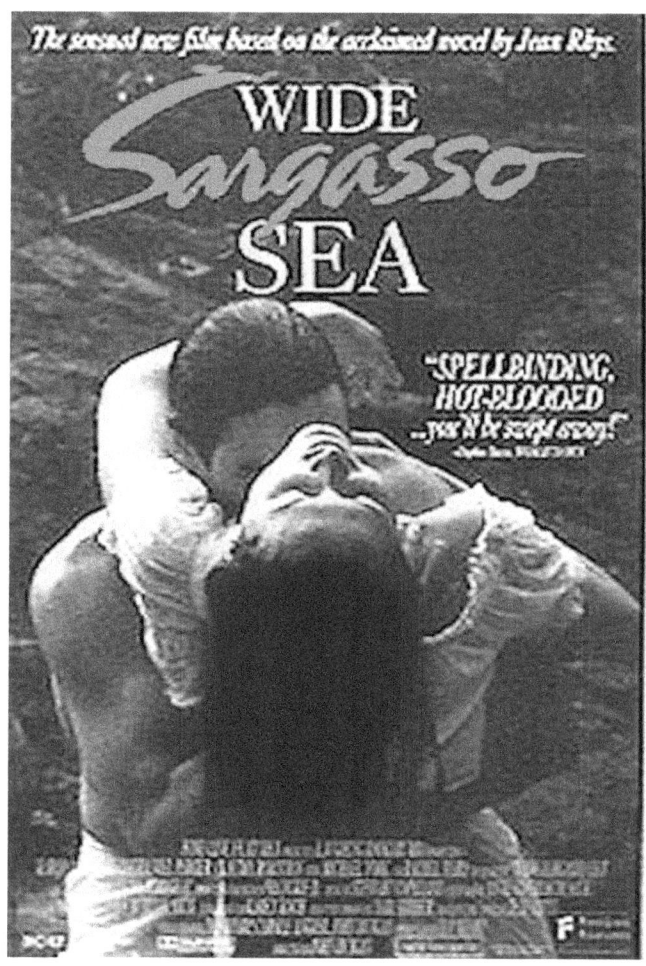

Director:
John Duigan

Intérpretes:

KARINA LOMBARD: Antoinette Cosway
NATHANIEL PARKER: Edward
MICHAEL YORK: Paul

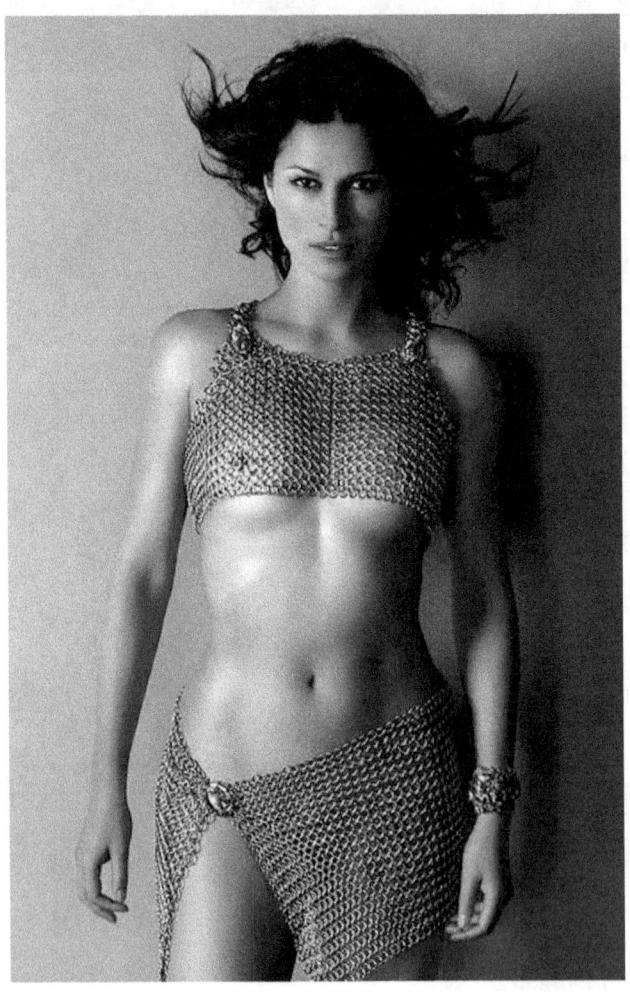

D
I
O
S
A
S

D
E
L

C
I
N
E

Se trata de una película que combina una adaptación muy floja de la novela de Rhys, con algunas escenas sexuales que deben proporcionar el atractivo comercial. Bien, pues ni lo uno ni lo otro consiguen su propósito, y eso que los actores principales están correctos. Sin embargo, sus capacidades quedan empañadas en una película que parece desorientada y realizada por aficionados, con un estilo cinematográfico sumamente cuestionable.

En esta ocasión, si queremos disfrutar de la historia, le recomendamos que lean el libro.

EL COLOR DE LA NOCHE
COLOR OF NIGHT (1994)

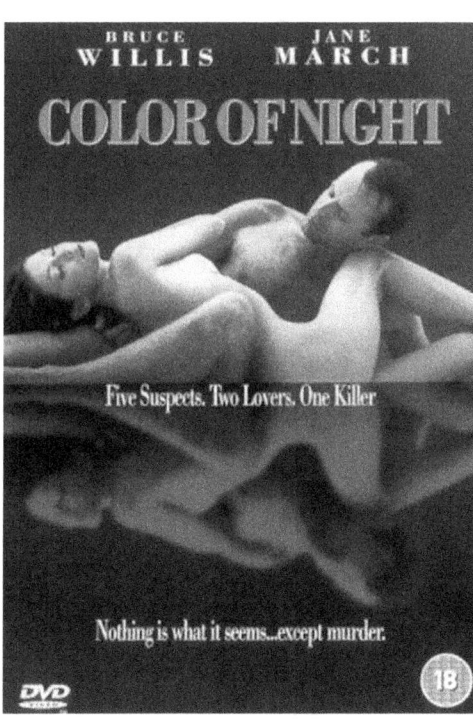

151

Director: Richard Russ

Intérpretes:
BRUCE WILLIS: Bill
JANE MARCH: Rose
RUBÉN BLADES: Héctor

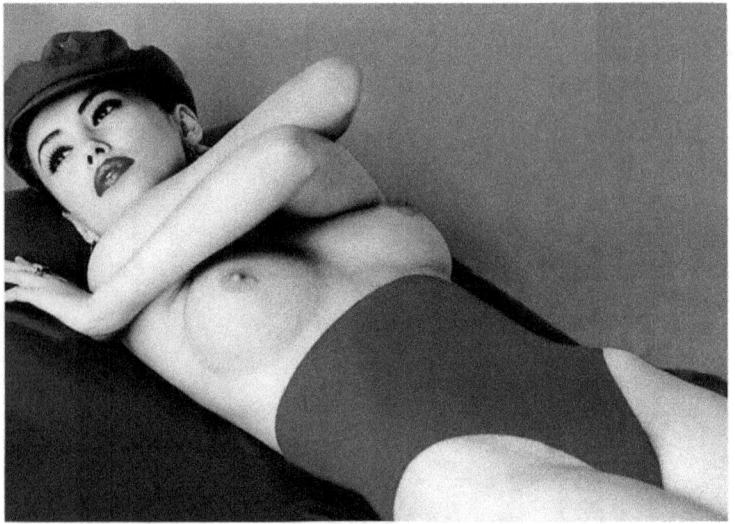

El psicólogo Bill Capa deja de ejercer porque uno de sus pacientes se suicida a causa suya, pero acepta volver a trabajar cuando un antiguo colega es asesinado. La búsqueda se centra en un grupo de pacientes psicológicamente desequilibrados, pero algo no encaja en esas personas y su búsqueda es infructuosa. Aunque el final es demasiado predecible, es interesante ver cómo hacen el amor nuestros amigos en lugares ciertamente complejos para ello. Su relación amorosa, además, se complica tanto que nos llega a asustar.

D
I
O
S
A
S

D
E
L

C
I
N
E

En esta ocasión, el culo al aire de Bruce Willis ni siquiera logra proporcionar algo de alegría, al menos a nosotros. La chica que le acompaña en sus orgías de la piscina es muy guapa, para qué negarlo, pero en conjunto el filme nos defraudó.

EXOTICA
(1994)

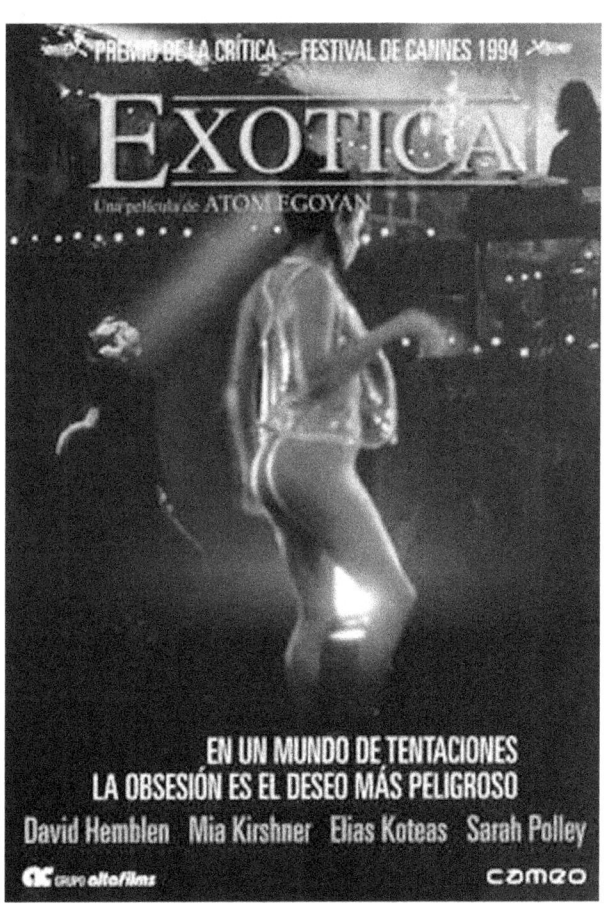

Director: Atom Egoyan

Intérpretes:
DAVID HEMBLEN
MIA KIRSHNER
CALVIN GREEN

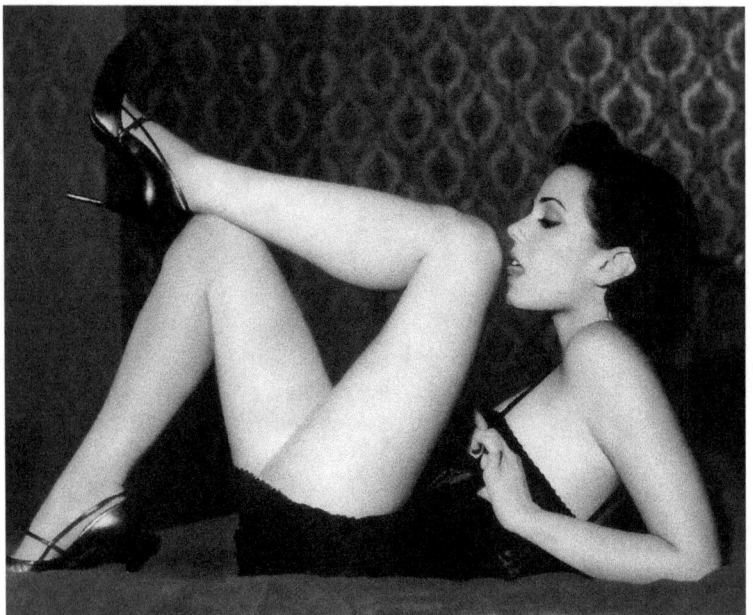

"Exótica" es un club nocturno a las afueras de Madrid, regenta-do por una mujer embarazada en el que trabaja una bailarina de striptease que tiene como admirador principal a Francis, un inspec-tor de Hacienda. Allí trabaja también Eric, un guapo chico enamo-rado de la bailarina, pero comido por los celos al verla a ella alter-nando con los clientes.

D
I
O
S
A
S

D
E
L

C
I
N
E

Rodada con un presupuesto limitado y dirigida por un director poco conocido pero eficiente, es un gran ejemplo de una película al margen de Hollywood que debería haber funcionado bien en taquilla. Una historia intrincada y refrescante donde se muestran hábilmente los personajes y aunque esto requiere cierta paciencia por parte del espectador, una vez que se la toma el pulso es sumamente agradable.

LA ÚLTIMA SEDUCCIÓN
THE LAST SEDUCTION (1994)

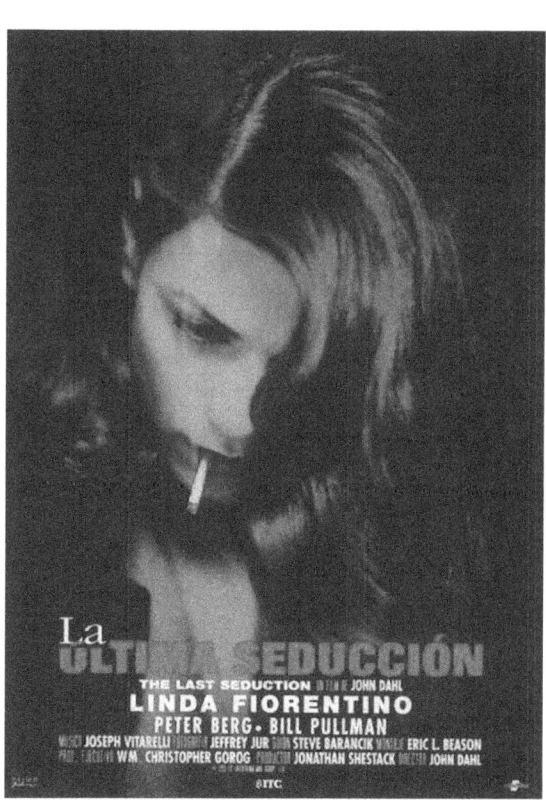

155

Director: John Dahl

Guión: Steve barancik

Intérpretes:

LINDA FIORENTINO

PETER BERG

BILL PULMAN

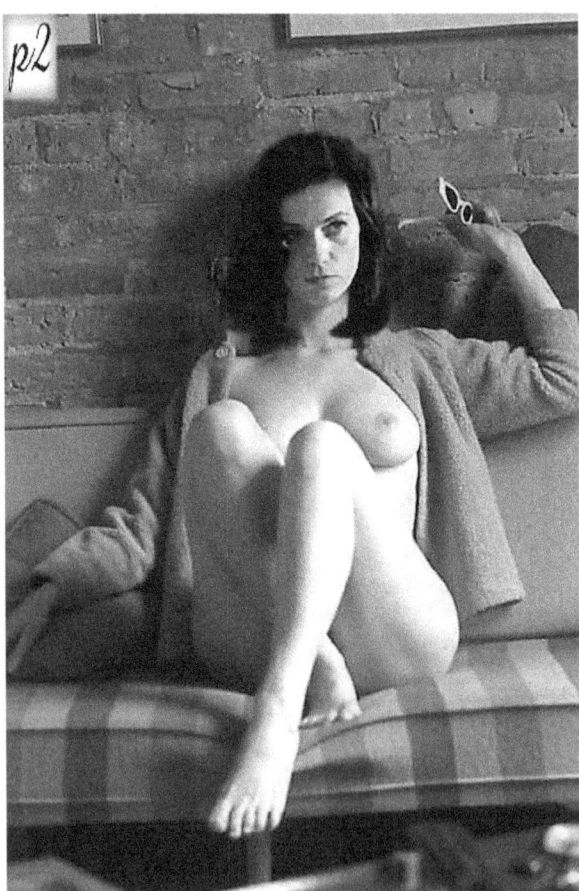

D
I
O
S
A
S

D
E
L

C
I
N
E

D
I
O
S
A
S

Bridget es una fría y despiadada mujer que ansía poder, dinero y amor inmediatamente, a costa de cualquier cosa. Después de haber robado a su marido, un traficante de medicamentos, se ha refugiado en un pueblo para evitar que la mate, pero un detective privado anda ya tras su pista, y con seguridad la encontrará.

Realizada para la televisión, pero proyectada en algunas salas, la historia parece dividida en tres partes, no debidamente hilvanadas entre ellas. Primero hay una historia sobre unos trágicos acontecimientos pasados. La segunda historia es casi una versión urbana de "Romeo y Julieta". El tercer complot gira alrededor del hermano de Jason que conduce a su final trágico. Lamentablemente, el final se convierte en un tiroteo típico sangriento, con bastante desatino.

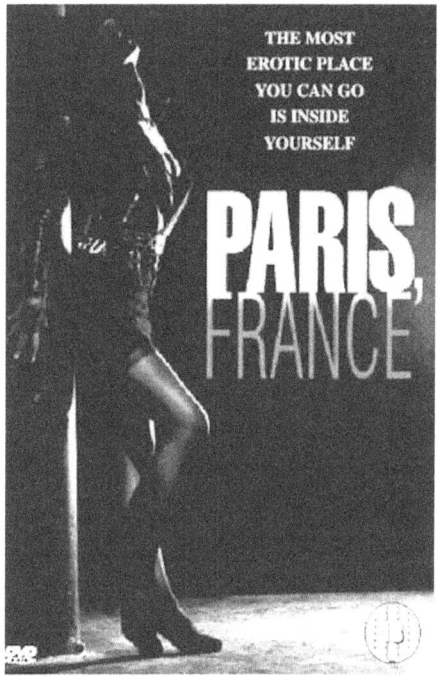

THE MOST
EROTIC PLACE
YOU CAN GO
IS INSIDE
YOURSELF

PARIS,
FRANCE

PARIS, FRANCE (1994)

Director:
Gerard Ciccoritti

Intérpretes:
LESLIE HOPE
PETER OUTERBRIDGE

Esto es con mucho, la comedia erótica más extraña que existe. Algunas partes de

157

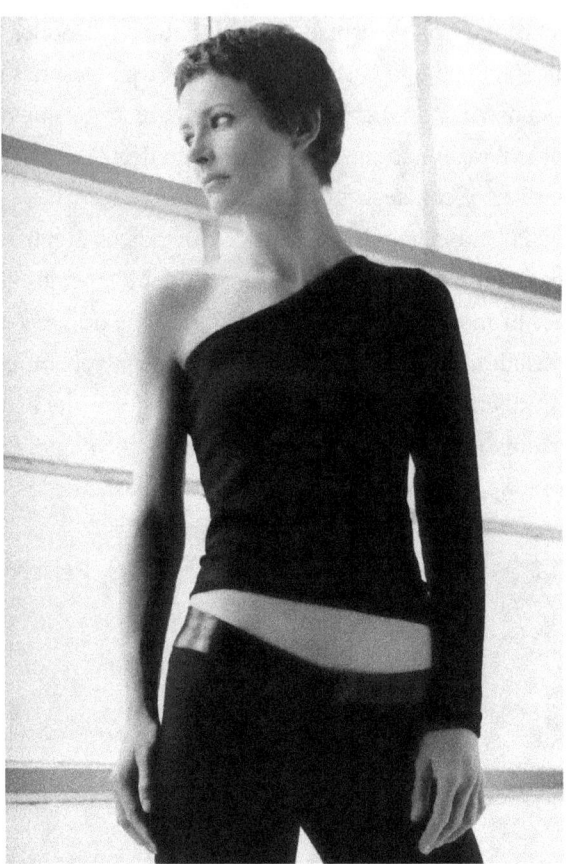

D
I
O
S
A
S

D
E
L

C
I
N
E

la historia son tan inesperadas que a veces el espectador debe agu-
dizar sus sentidos para entender lo que le cuentan.

Aunque la película no destaca en nada, la interpretación es sumamente acertada, e incluso podemos salvar el correcto final. Las escenas de sexo explícito sirven para alegrarnos la vista, pero no son
suficientes para compensar el desencanto general. No obstante, si
quiere ver algo diferente, extraño y en ocasiones divertido, puede
comprar el DVD.

D
I
O
S
A
S

D
E
L

C
I
N
E

SIRENAS
SIRENS (1994)

Director: John Duigan

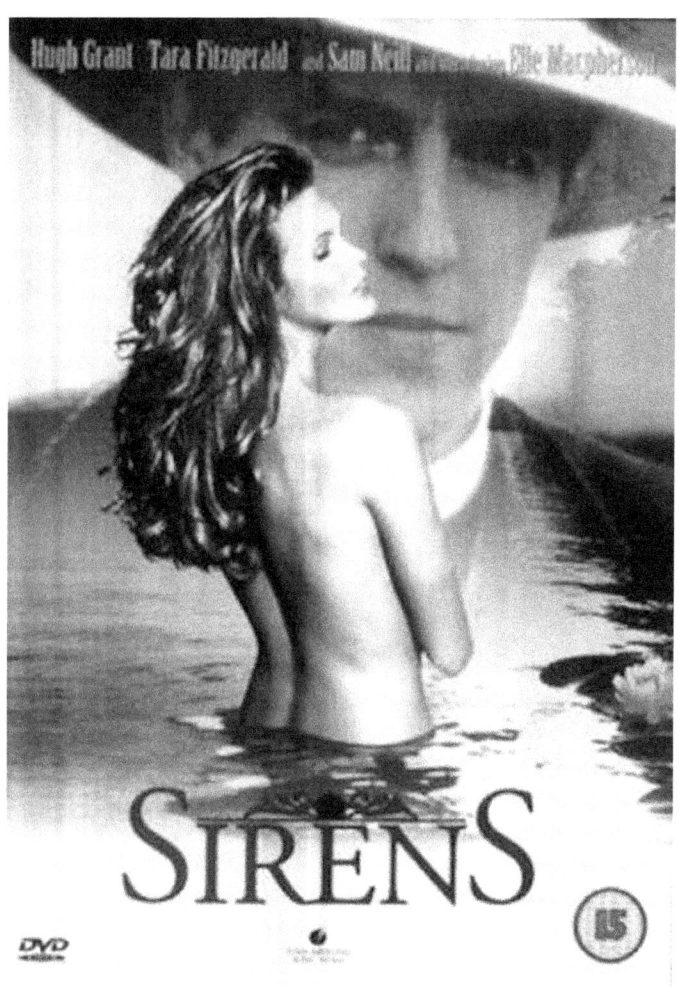

Intérpretes:

HUGH GRANT: Anthony Campion

TARA FITZGERALD: Estella

SAM NEILL: Norman

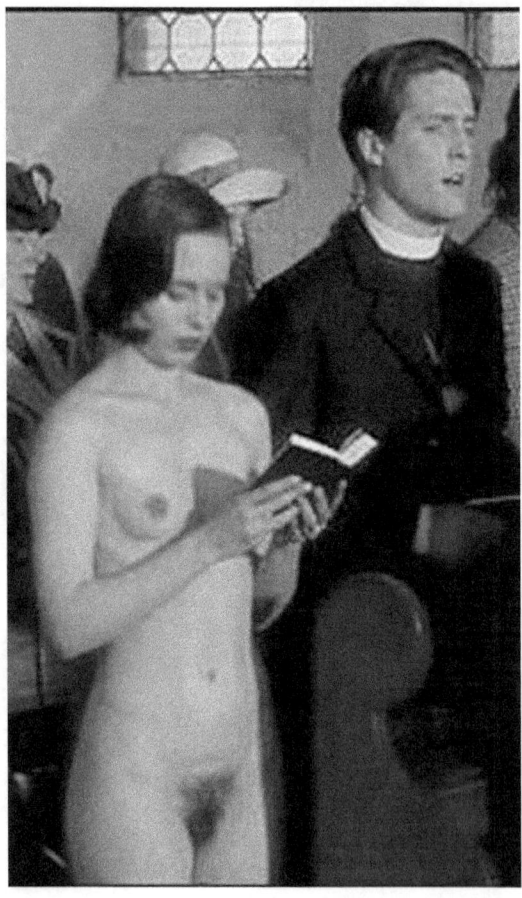

He aquí una divertida y sensible película a la vez. Supongo que podría haber escenas más gráficas para aquellos que necesitan ver

D
I
O
S
A
S

D
E
L

C
I
N
E

modelos desnudos haciendo sexo, pero esto no es estrictamente necesario en una película erótica, por contradictorio que pueda parecer. Hay hombres, como este Predicador, que no logran ver el lado sensual de las mujeres, quizá porque les asusta. Ellos ven solamente su sexo físico (cuando les dejan, claro), pero creo que deberían mirar más el cariño y la sensibilidad. La película ilustra esto con bastante delicadeza y las dos personas que vienen para ver las modelos son un ejemplo claro de sexo en lugar de cariño y sensualidad.

LA PASIÓN TURCA
(1994)

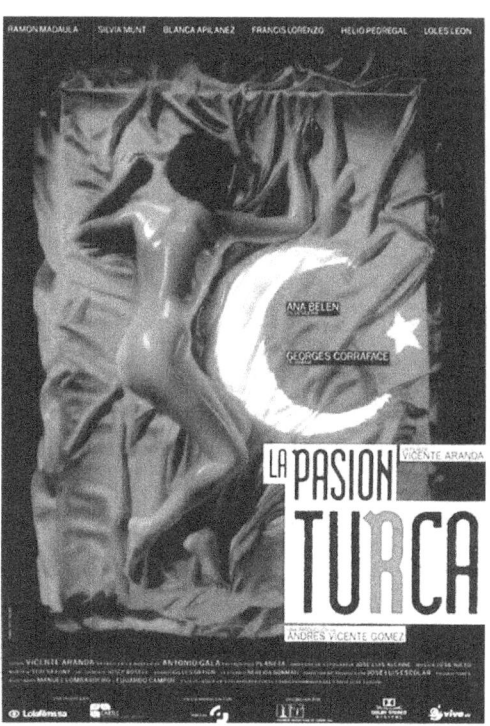

Director: Vicente Aranda
Basada en una novela de Antonio Gala

Intérpretes:
ANA BELÉN: Desideria
GEORGE CORRAFACE: Yaman
SILVIA MUNT: Laura

D
I
O
S
A
S

D
E
L

C
I
N
E

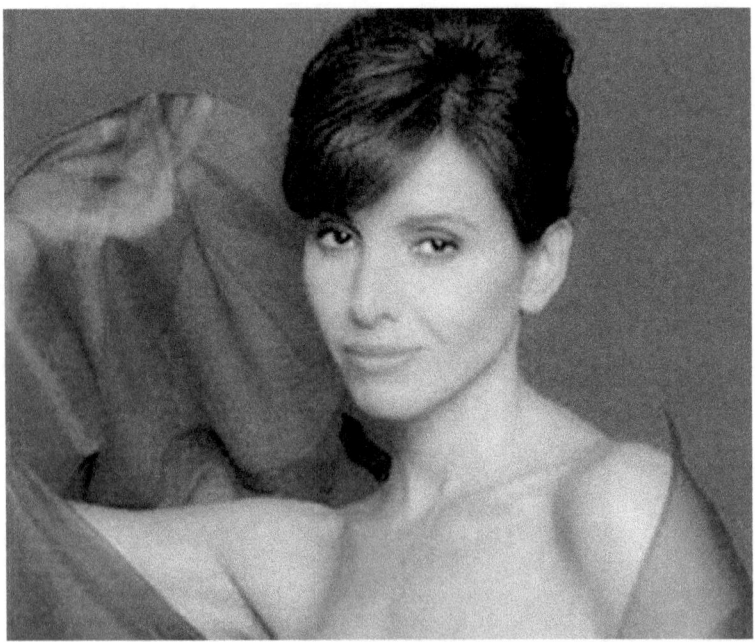

Desi posee todo lo que la mayoría de las jóvenes sueñan tener: un marido atento, una casa preciosa y buenos amigos. Pero unas vacaciones con su marido en Turquía le empujan a hacer algo que apenas si figuraba en sus más escabrosos sueños: conoce fugazmente a un guía turco y sin pensárselo dos veces se lanza a una aventu-

D

I

O

S

A

S

D
E
L

C
I
N
E

ra sexual incontrolada, destruyendo la hasta entonces placentera vida familiar. Abrumada por sus fuertes impulsos sexuales hacia ese nuevo hombre, abandona todo lo que posee, entregándose por completo a su amante, quién la utiliza para conseguir sus objetivos en el sórdido mundo en el que él se mueve.

La historia es poco creíble, pero sirvió para mostrar a la actriz Ana Belén desnuda, lo que agradó enormemente a sus numerosos fans...y a nosotros

JADE
(1995)

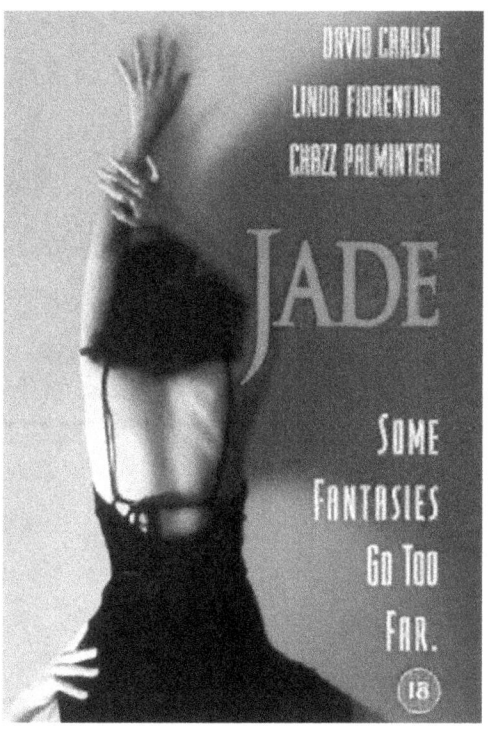

Director: William Friedkin
Guión: Joe Eszterhas

Intérpretes:
    LINDA FIORENTINO
    DAVID CARUSO
    CHAZZ PALMINTERI

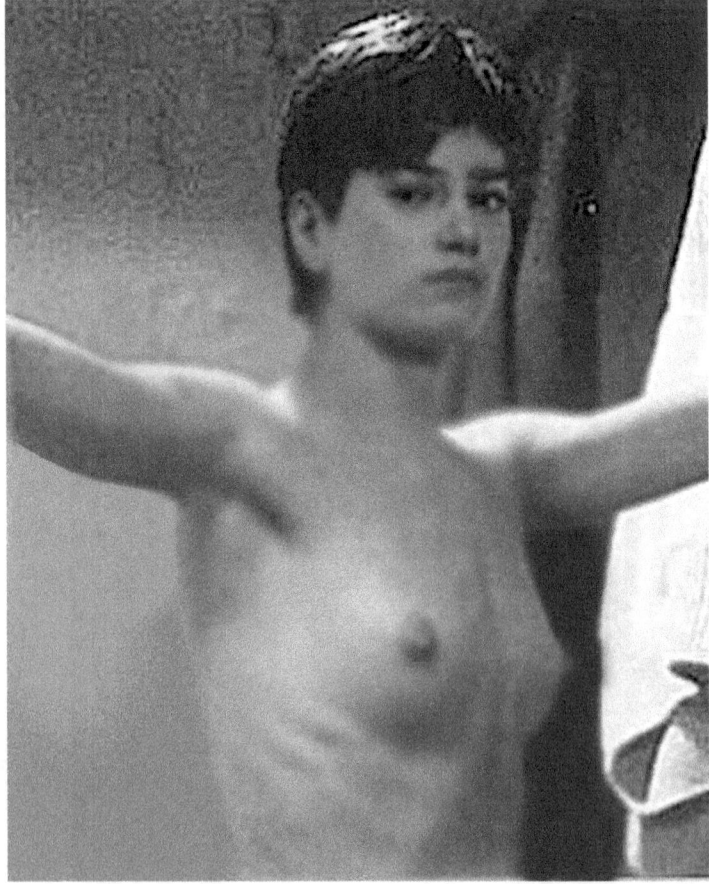

D
I
O
S
A
S

D
E
L

C
I
N
E

El guionista Joe Eszterhas saltó a la fama por su trabajo en *Instinto básico*, pero años más tarde, cuando trabajó junto a Paul Verhoeven en *Showgirls,* éste juró que nunca más volvería a trabajar con él, lo que no es de extrañar si consideramos que *Jade* es solamente un ejercicio de sexo y corrupción. Considerando que esta película salió casi al mismo tiempo que *Showgirls,* ahora ya nadie se sorprende que perjudicara casi definitivamente la carrera de David Caruso.

El tema incluye bastante misterio, además de sexo, con un ambicioso asistente del fiscal de San Francisco invitado a la fiesta de su amigo Matt (famoso abogado) y su mujer Trina, una seductora psiquiatra. En ese lugar le comunican el asesinato en su casa de un conocido millonario, pero a pesar de este incidente la intriga se diluye como hielo en una brasa, lo que deja al espectador dependiente solamente de las escenas de sexo.

SHOWGIRLS
(1995)

Director: Paul Verhoeven
Guión: Joe Eszterhas

Intérpretes:
ELIZABETH BERKLEY: Nomi
KYLE MACLACHLAN: Zack
GINA GERSHON: Cristal

Hasta Las Vegas llega una guapa joven llamada Nomi, huyendo de una mala experiencia. Su agraciado cuerpo (algo que los espec-

165

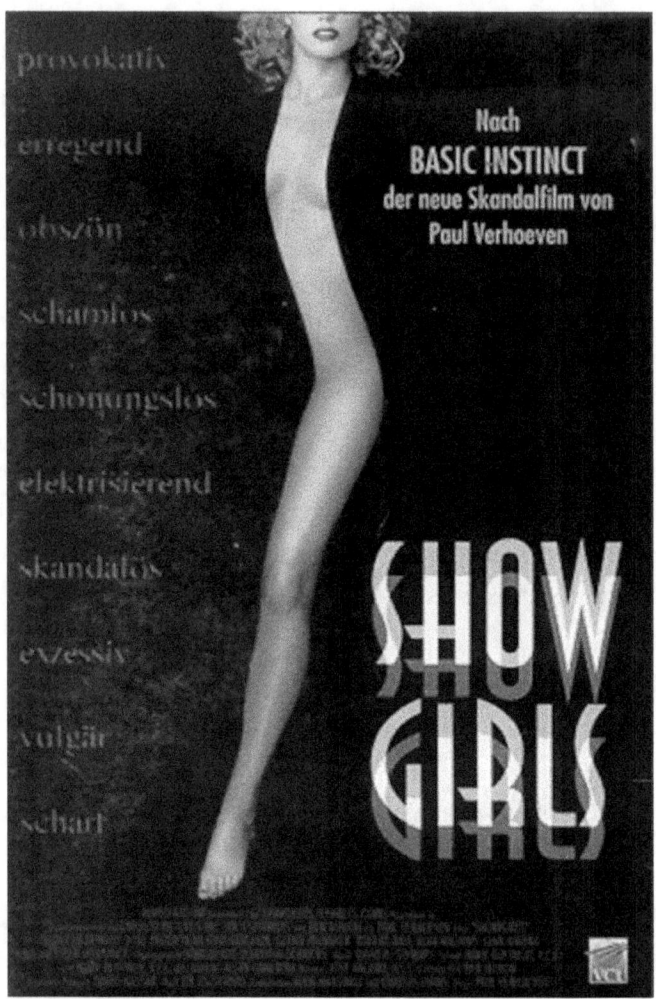

Nach
BASIC INSTINCT
der neue Skandalfilm von
Paul Verhoeven

provokativ

erregend

obszön

schamlos

schonungslos

elektrisierend

skandalös

exzessiv

vulgär

scharf

SHOW GIRLS

D
I
O
S
A
S

D
E
L

C
I
N
E

tadores confirman pronto) le permite conseguir un empleo como bailarina de striptease del Cheetah Club. Allí se muestra lujuriosamente desnuda ante los espectadores, siendo por ello requerida para participar en una prueba para conseguir un papel en la nueva producción de Stardust Casino.

D
I
O
S
A
S

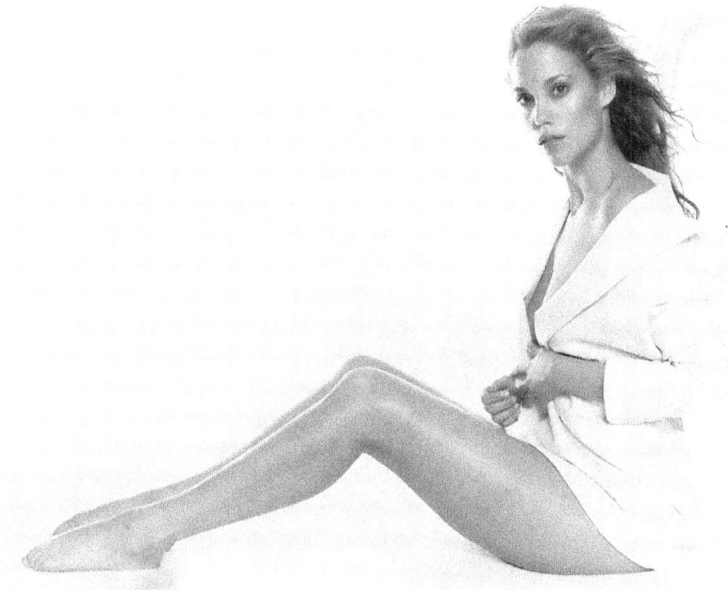

D
E
L

C
I
N
E

Este argumento no da para mucho, y aunque el filme funcionó perfectamente en taquilla, los críticos fueron despiadados con el filme, en esta ocasión con justicia. Las mejores escenas son precisamente las del striptease, y no solamente por la carga erótica, sino porque están bien rodadas y constituyen el mejor entretenimiento del filme. Si no nos tomamos la historia en serio, seguramente disfrutaremos mucho, especialmente si buscamos escenas eróticas de interés. Hay quien dice que este filme arruinó la posterior carrera de Elizabeth Berkley, pero indudablemente no le faltó trabajo, ni en el cine ni en la televisión. La película, si queremos ser justos, la podríamos considerar ya un clásico en el cine erótico.

SPECIES
ESPECIE MORTAL (1995)

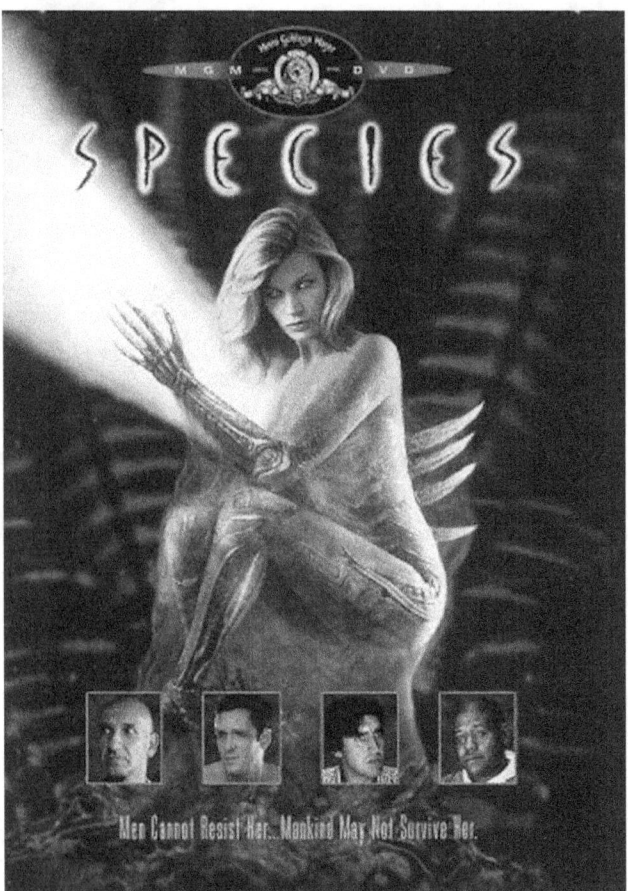

Efectos especiales: R. Giger
Música: Christopher Young
Guión: Dennis Feldman
Director: Roger Donaldson

D
I
O
S
A
S

D
E
L

C
I
N
E

D
I
O
S
A
S

D
E
L

C
I
N
E

Intérpretes:

NATASHA HENSTRIDGE: Sil
BEN KINGSLEY: Xavier
MARG HELGENBERGER: Laura
FOREST WHITAKER: Dan

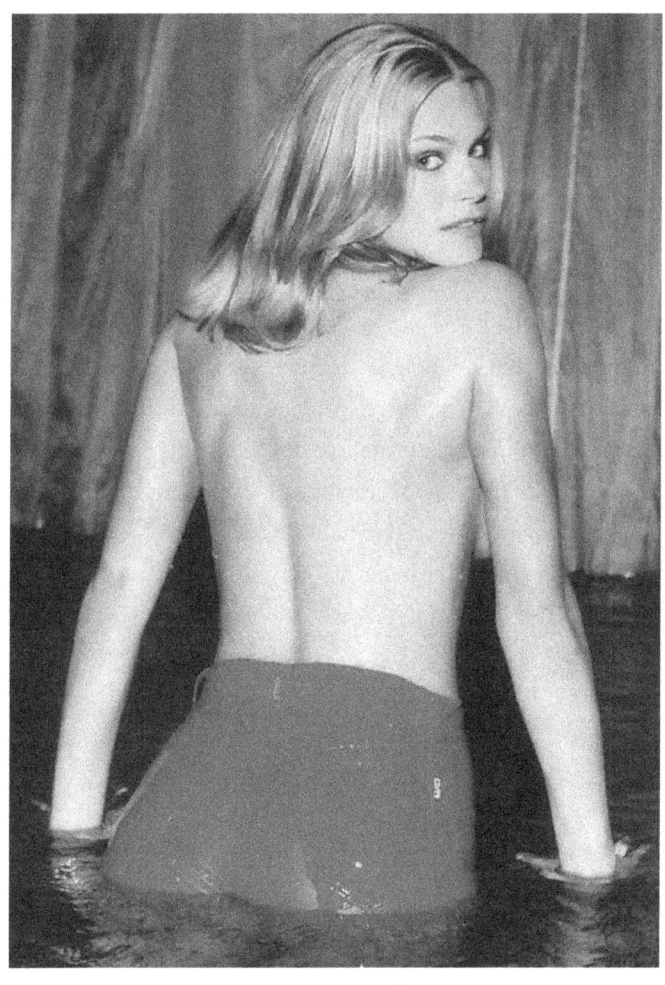

En 1974 el gobierno de los Estados Unidos ha estado enviando mensajes a través de una antena especial muy potente, aunque durante 20 años no han obtenido respuesta. Ahora reciben un mensaje en el cual hay los secretos de un código genético para crear un alienígena mutuo, y el resultado es una preciosa niña que debe permanecer encerrada. Pero la pequeña tiene también sangre humana y no le gusta estar presa, tiene miedo y desconfía de los científicos. Pronto logra escaparse y su metabolismo le permite desarrollarse rápidamente, convirtiéndose en pocos días en una bellísima mujer a quien no le preocupa mostrarse desnuda (a nosotros tampoco que lo haga). El problema es que debe comer carne humana y su necesidad para sobrevivir hace que mate sin piedad y brutalmente.

Con escenas llenas de sangre y morbo, una violencia poco habitual en una película de ciencia-ficción, y unos secundarios de lujo que consiguen dar el soporte a la protagonista, es difícil negar la originalidad en esta historia, e incluso conseguir que el espectador se ponga de parte de la malvada alienígena, cuyo desprecio por la vida de los humanos nos parece razonable.

Hubo una secuela, bastante menos interesante, y pronto perdimos la oportunidad para contemplar de nuevo a la escultural Natasha, la alienígena más bella de la historia.

D
I
O
S
A
S

D
E
L

C
I
N
E

CRASH
(1996)

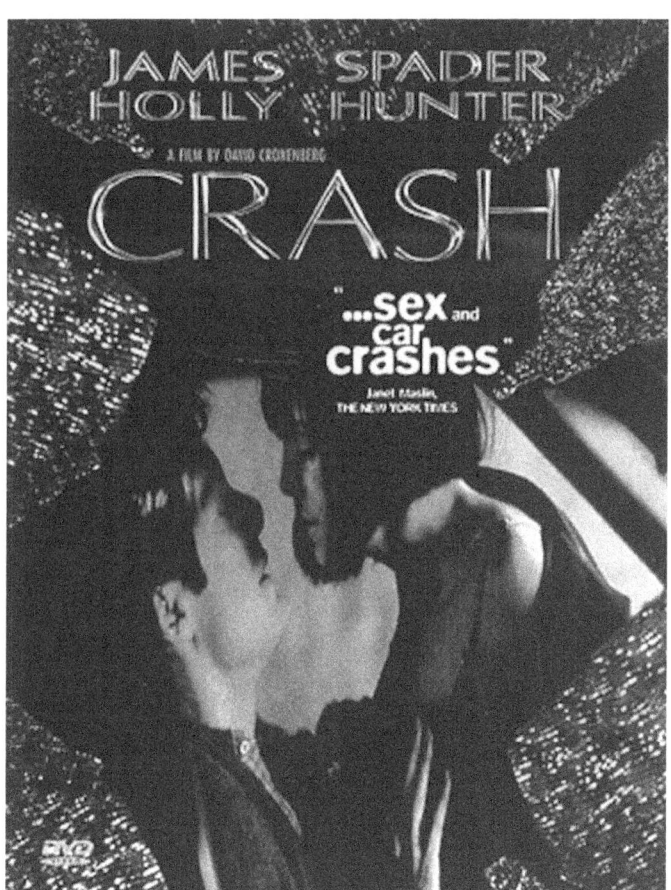

Director: David Cronenberg
Música: Howard Shore

Intérpretes:

HOLLY HUNTER

JAMES SPADER

ROSANNA ARQUETTE

D
I
O
S
A
S

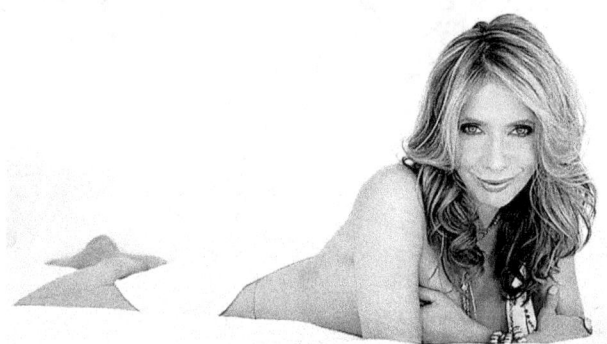

La vida de James Ballard es ciertamente anómala, incluso en el amor, pues con treinta años y la ayuda de su mujer, Catherine, busca nuevas formas de expresar su amor. Su pasión son los lugares insólitos, incluso donde exista riesgo, pero un accidente de automóvil le aumentará sus emociones, llevándole a experiencias extrañas y tortuosas. Cuando choca con el coche conducido por Helen y sale preocupado por su vida, siente una intensa atracción por ella, sensación que es compartida. Desde ese momento comienzan una salvaje relación, en la que el sexo y la burla hacia la muerte se convierten en los protagonistas absolutos. Simultáneamente a su nueva experiencia, ambos conocen a Vaughn, un coleccionista de recuerdos de accidentes famosos. Tiene como principal trofeo a Gabrielle, una bella mujer condenada a vivir con un aparato ortopédico.

Premiada en Cannes con el Premio especial del jurado, es ahora un filme a revisar.

D
E
L

C
I
N
E

D
I
O
S
A
S

D
E
L

C
I
N
E

BOOGIE NIGHTS, JUEGOS DE PLACER
BOOGIE NIGHTS (1997)

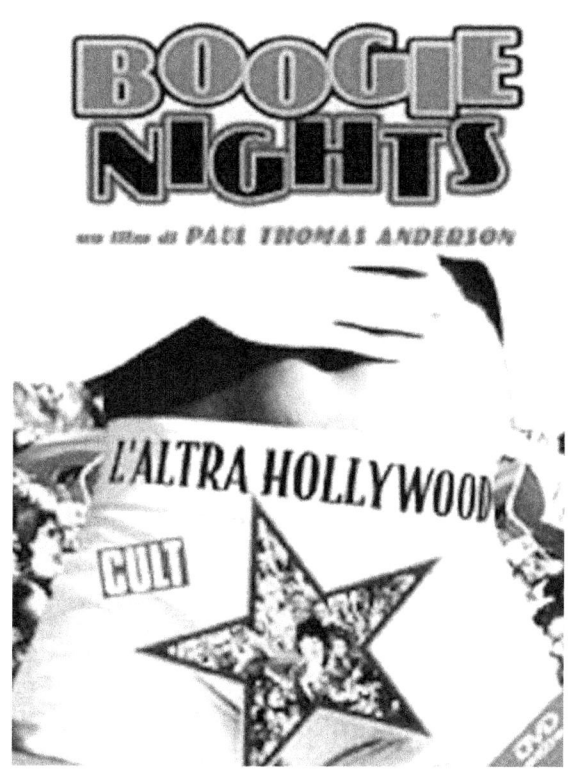

Director: Paul Thomas Anderson

Intérpretes:
    JOHN C. REILLY
    MARK WHALBERG
    JULIANNE MOORE
    BURT REYNOLDS

Sorpresivamente cómico, bastante divertido y muy original, este filme de Paul Thomas Anderson es una de las películas más ambiciosas del género. Centrada en los años 1977-1984, ofrece una exploración visualmente impactante de los espectáculos adultos, proporcionando una buena película, aunque poco aplaudida por todo el público.

Después de *The Hard Eight* (filme que tampoco consiguió audiencia), Anderson realiza un salto importante adelante. Su buen estilo técnico, valentía en el rodaje, y la pasión para explorar las posibilidades de una nueva clase de narración, recuerdan al Scorsese de *Mean Streets*. Aunque este filme no haya triunfado en las pantallas, Anderson será recordado como uno de los mejores directores de los años 1990.

El eslabón con Scorsese tiene otros matices, como el acercamiento a la industria del porno como un entorno único social, con sus propios "héroes", clientes, normas y modo de vivir, sin olvidar el crimen organizado.

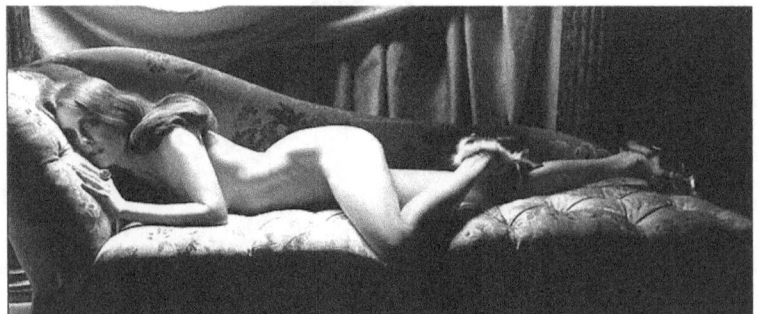

THE PILLOW BOOK
(1997)

Director: Peter Greenaway
Música: Garth Marshall

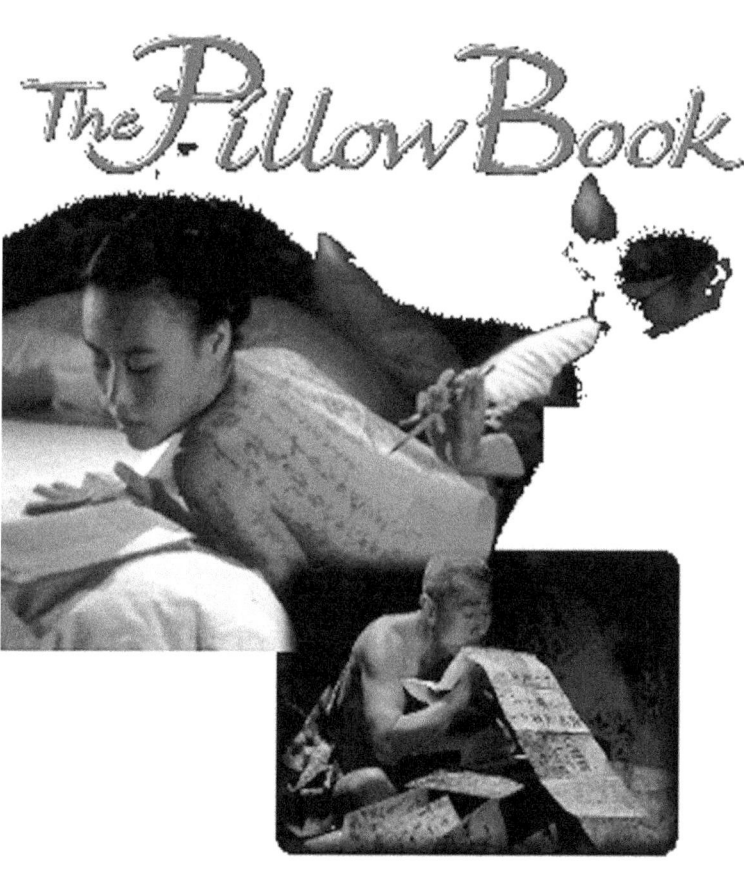

Diosas del Cine

Intéerpretes:
VIVIAN WU
YOSHI OIDA
EWAN MCGREGOR

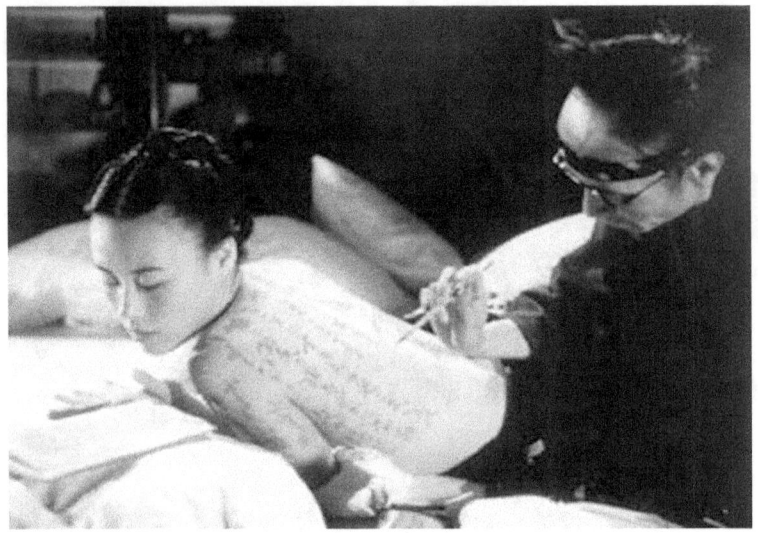

Ella es una guapa chica de Kyoto que tiene un recuerdo insólito: cuando era niña un anciano calígrafo escribió una felicitación en la cara de su hija el día de su cumpleaños. Nagiko siempre ha recordado con emoción aquel regalo y ahora busca al amante-calígrafo ideal que utilice todo su cuerpo como una hoja en blanco. Pronto conoce a Jerome, un traductor inglés que la convence de que ella debe ser la pluma y no el papel, terminando por escribir sobre el cuerpo del joven, entregando así a un editor la obra impresa sobre su propia piel. Todo va bien hasta que ella decide escribir compulsivamente sobre los cuerpos desnudos de otros hombres.

D
I
O
S
A
S

D
E
L

C
I
N
E

D
I
O
S
A
S

Creyendo que su vida como amante de Nagiko ha terminado, Jerome decide simular su propio suicidio, pero las píldoras que toma le causan la muerte. Nagiko, entre sollozos, escribe un bello poema erótico sobre el cadáver del joven antes de enterrarlo.

La historia podría haber finalizado así, pero continúa cuando vemos que el editor exhuma el cuerpo y le arranca la piel para hacer con ella un inapreciable Pillow Book del texto de Nagiko. Ella se horroriza y elabora un plan para recuperar la piel caligrafiada de su amante. Envía al editor hermosos jóvenes con el cuerpo escrito, el último de los cuales se convierte en su verdugo.

ALGO PASA CON MARY
THERE'S SOMETHING ABOUT MARY (1998)

D
E
L

C
I
N
E

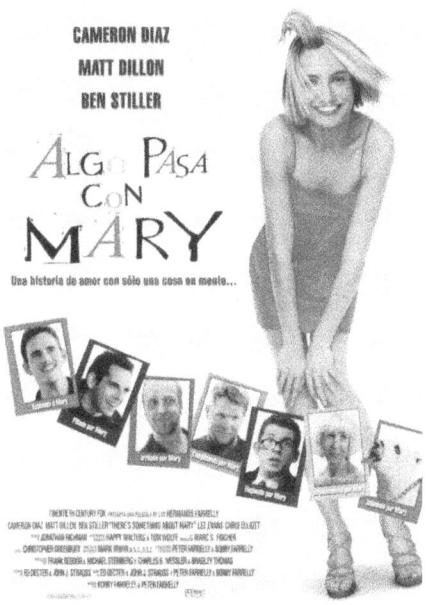

Director: Peter y Robert Farrelly
Música: Jonathan Richman

Intérpretes:
  CAMERON DÍAZ: Mary
  BEN STILLER: Ted
  MATT DILON

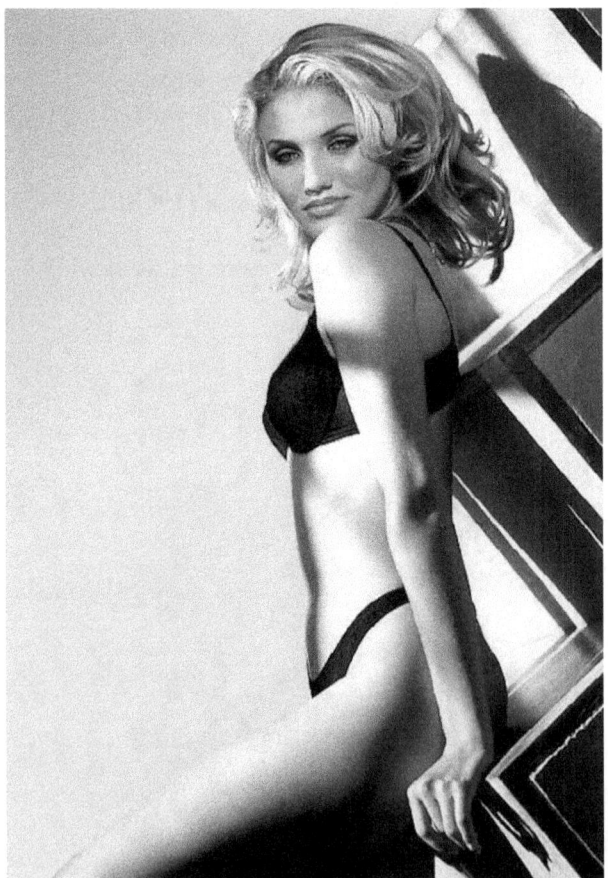

D
I
O
S
A
S

D
E
L

C
I
N
E

Ted ha vivido angustiado durante 14 años de su vida a causa de una chica llamada Mary, compañera de universidad, con quien tuvo una cita esplendorosa que falló a causa de la maldita cremallera atorada de su pantalón. Ahora, después de tantos años, vuelve a tener una segunda oportunidad.

Los autores de esta película son los controvertidos hermanos Peter y Bobby Farrely, quienes habían tenido un sonoro éxito con *Dos tontos muy tontos* y *¡Vaya par de idiotas!* Ahora cuentan con Cameron Díaz en el mejor momento de su belleza y un no menos eficaz Ben Stiller, experto donde los haya en estropear los momentos más importantes de su vida, pero siempre aceptándolo con una sonrisa.

La película es agradable en su totalidad, y posiblemente sea una de las mejores comedias de esa década, adornada con un romanticismo actual y muchas risas diluidas en los momentos más eróticos. Los gags no son más originales que en otros filmes similares, pero la maestría de los Hermanos Farrelly consigue convertirlos casi en únicos.

JUEGOS SALVAJES
WILD THINGS (1998)

Director: John McNaugthon

Intérpretes:
KEVIN BACON
MATT DILON
NEVE CAMPBELL
THERESA RUSSELL

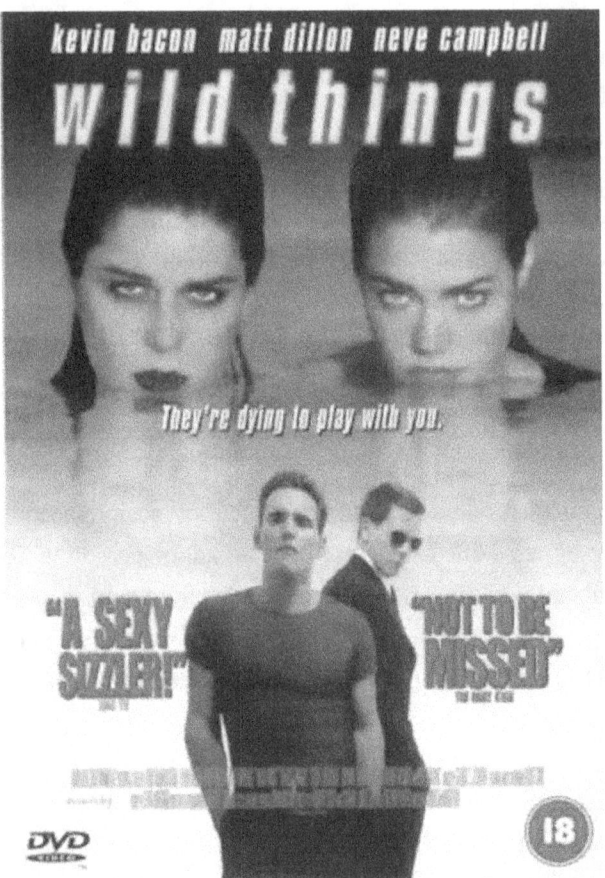

Sam Lombardo es un consejero universitario que, de repente, es despedido por culpa de Kelly Van Ryan, una alumna obsesionada con él que le acusa de haberla violado. La madre de Kelly contrata a una legión de abogados para que hundan a Sam, pero el letrado del joven profesor, Ken Bowden, deja en evidencia a todos los testigos de la acusación, en especial a Suzie Toller, que también acusa a Sam de abusos sexuales. Sin embargo, un avispado policía, Ray

Duquette, sospecha que todo es un plan de Sam, Kelly y Suzie para hacerse con los varios millones de dólares que el acusado puede recibir como indemnización.

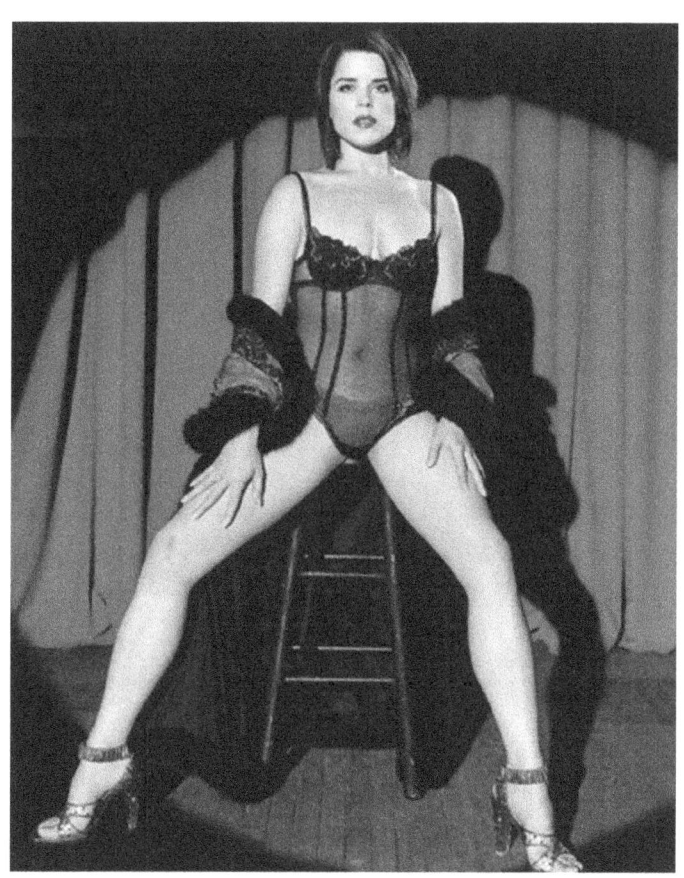

EYES WIDE SHUT
(1999)

Director: Stanley Kubrick
Guión: Arthur Schnitzler, Stanley Kubrick, Frederic Raphael

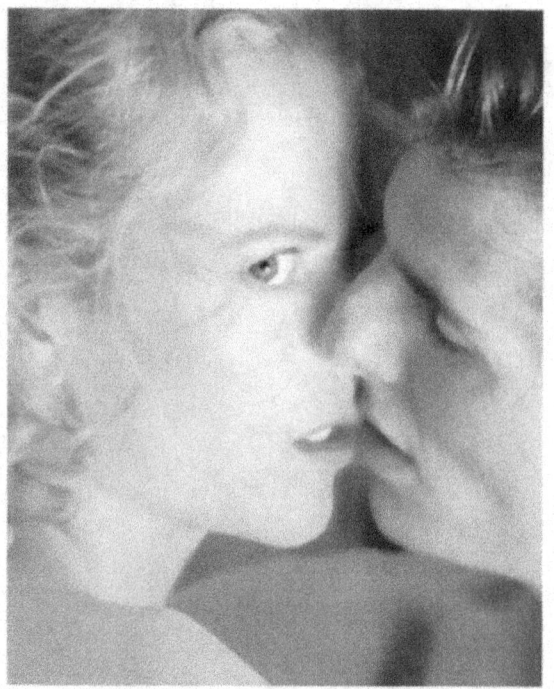

STANLEY KUBRICKS
EYES WIDE SHUT

D
I
O
S
A
S

D
E
L

C
I
N
E

D
I
O
S
A
S

D
E
L

C
I
N
E

Intérpretes:

TOM CRUISE: Dr. William
NICOLE KIDMAN: Alice
SYDNEY POLLACK: Víctor
MADISON EGINTON: Helena

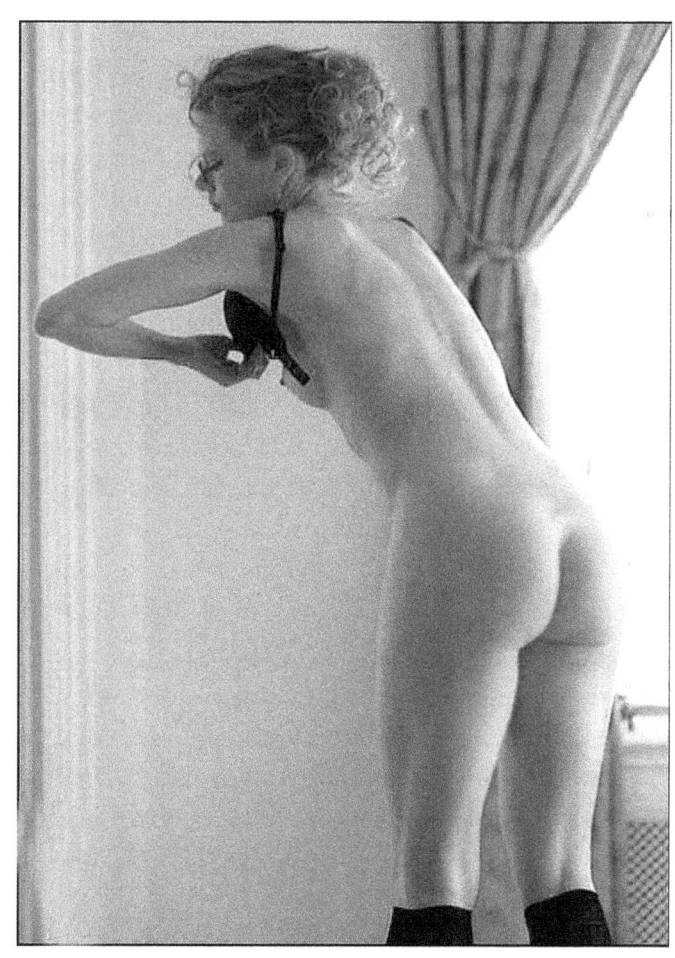

La última película de Kubrick fue anunciada como una muy gran obra maestra del cine erótico y aunque hay escenas eróticas no es una muestra de tal género. Las expectativas estaban en la escena entre Cruise y Nicole, pero nos dejaron con la miel apenas en los labios.

Sin embargo, el filme muestra las cualidades habituales de Stanley Kubrick, con trabajos de cámara nuevamente atrevidos y sugerentes; quizá demasiado largos los planos (la mayoría lo son), pero de cualquier modo excelentes. Indudablemente domina el empleo de la cámara, pero es la historia la auténtica novedad.

Durante el largo metraje (dos horas y media) nos introduce en un mundo entre el terror y el thriller, con intriga final incluida, buscando que el espectador mantenga la mirada en la escena elegida sin posibilidad de pestañear. Es que si lo hace seguro que se perderá un plano clave para la historia.

La interpretación, desde luego es fantástica, aunque como es habitual un poco forzada, quizá poco natural, buscando siempre que los actores no interfieran la historia. Hablan tan despacio que parecen dormidos, pero esto es habitual en los filmes de Kubrick.

La historia está basada en la obra de Arthur "Traumnovelle" Schnitzler y ahora sabemos que Kubrick comenzó a pensar filmarla hacía 20 años, aunque al final la cambió al situarla en el Nueva York de los años 90. También omitió algunos pequeños detalles, pero si no ha leído la novela no los echará de menos. Lo más interesante es la facilidad con la cual todos los personajes mienten. Intentan ser sinceros, pero los acontecimientos se lo impiden. Al final, el más crédulo e ingenuo de todos es el espectador, quien no es capaz de saber por dónde irá la historia.

REQUIEM POR UN SUEÑO
Requiem for a Dream (2000)

Dirección: Darren Aronofsky

Guión: Hubert Selby Jr. y Darren Aronofsky; basado en la novela del primero.

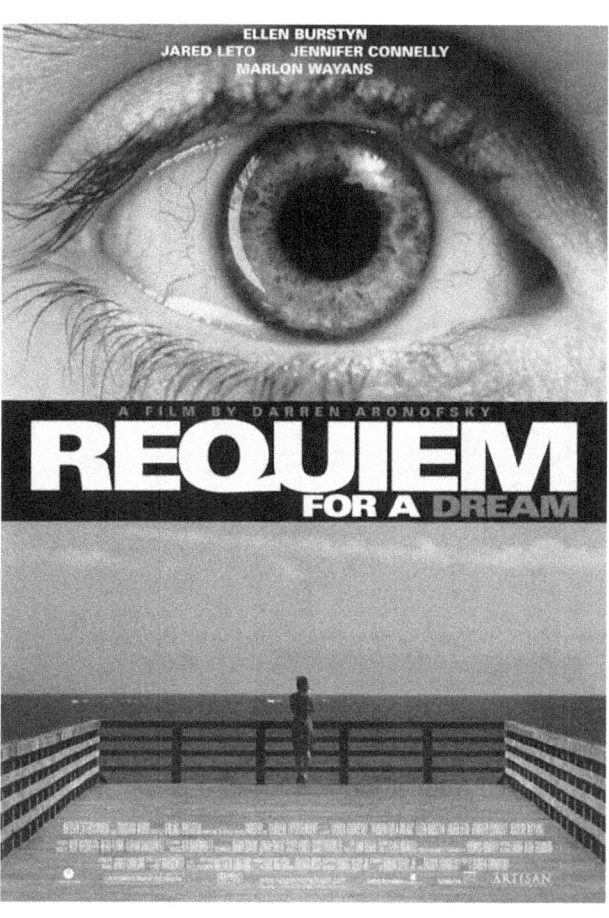

Intérpretes:

ELLEN BURSTYN: Sara Goldfarb

JARED LETO: Harry Goldfarb

JENNIFER CONNELLY: Marion Silver

La historia nos lleva hasta Coney Island, antaño un lugar esplendoroso, en donde nos narra la vida de diferentes personas aparente-

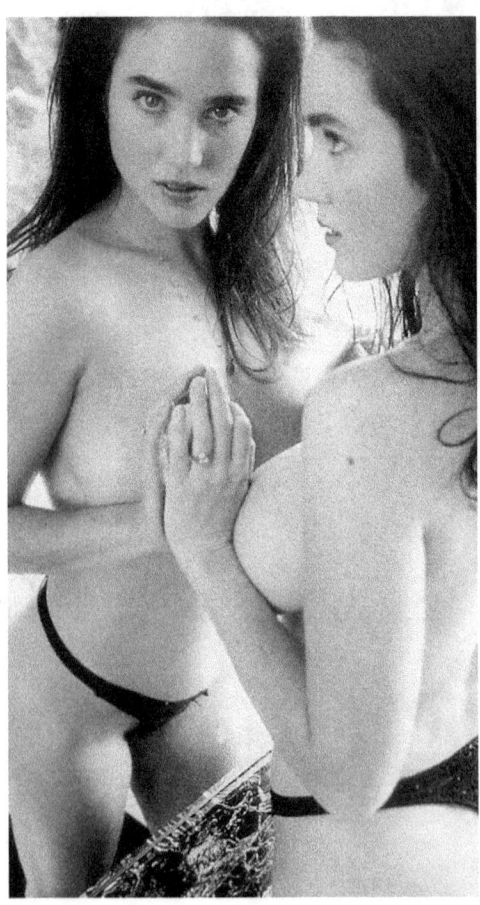

mente inconexas, pero que finalmente quedan perfectamente vinculadas. La viuda Sara Goldfarb y su hijo Harry preparan el debut en televisión de ella, ahora demasiado obesa para que pueda enfundarse un atractivo vestido rojo. Con la ayuda de su novia Marion y su amigo Tyrone, proponen a su madre una drástica dieta para que adelgace rápidamente, aprovechando de paso a sincerarse mutuamente después de años de distanciamiento. El problema es que inten-

D
I
O
S
A
S

D
E
L

C
I
N
E

tan tener la mente lúcida con las drogas y cuando los tres jóvenes comienzan a creerse invencibles, su existencia se complica seriamente.

LUCÍA Y EL SEXO
2000

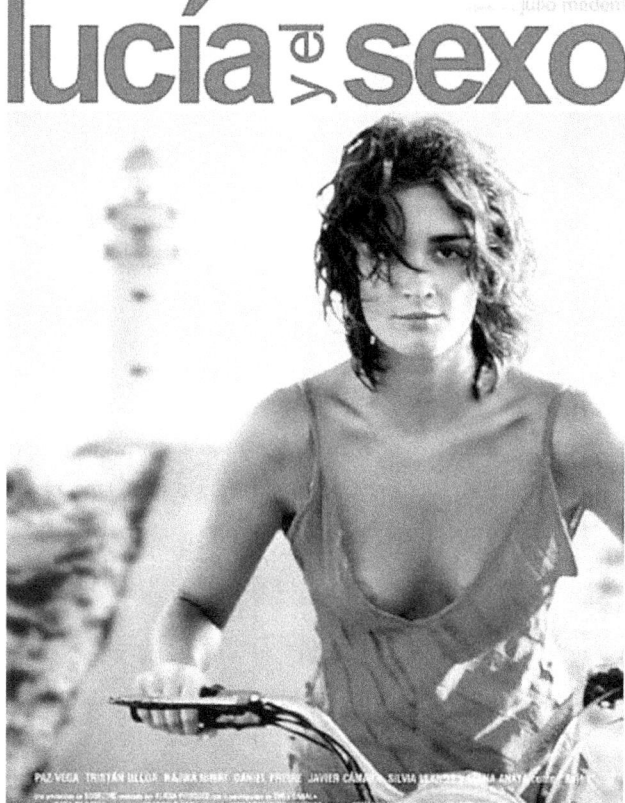

Dirección y guión: Julio Medem.

Música: Alberto Iglesias

Intérpretes:

PAZ VEGA: Lucía

TRISTÁN ULLOA: Lorenzo

NAJWA NIMRI: Elena

DANIEL FREIRE: Carlos/Antonio

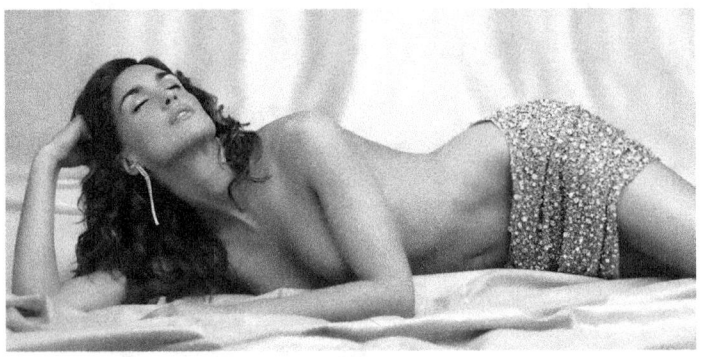

Refrescante y atractivo filme, no realmente porno (tal y como el título podría sugerir), aunque con el suficiente erotismo como para atraer al espectador. Películas como ésta nos recuerdan que el cine europeo puede mostrar perfectamente los dilemas emocionales, sin que las escenas de sexo abrumen en la historia.

La novela semi-autobiográfica reúne la historia y las emociones, mezclándolas con un fondo intrigante para que no asistamos simplemente a un amor interrumpido. El problema es que los saltos en el tiempo confunden al espectador, y debemos estar muy atentos para cuando el guionista nos muestre todo el desenlace.

D
I
O
S
A
S

D
E
L

C
I
N
E

EL ÚLTIMO SUSPIRO
LOST AND DELIRIOUS (2001)

Director: Lea Pool

Guión: Judith Thompson; basado en la novela 'The wives of bath' de Susan Swan

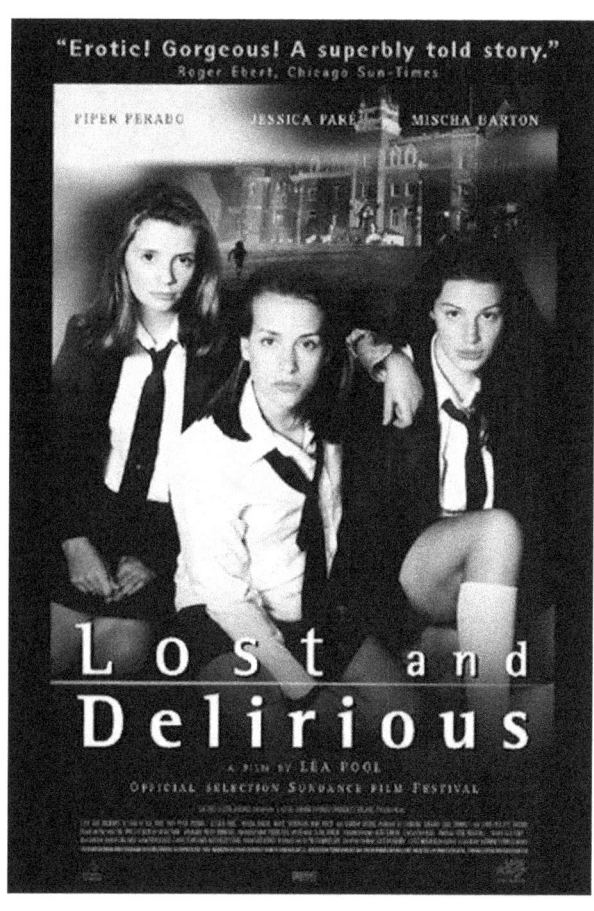

D
I
O
S
A
S

D
E
L

C
I
N
E

Intérpretes:

PIPER PERABO: Pauline
JESSICA PARÉ: Victoria
MISCHA BARTON: Mary

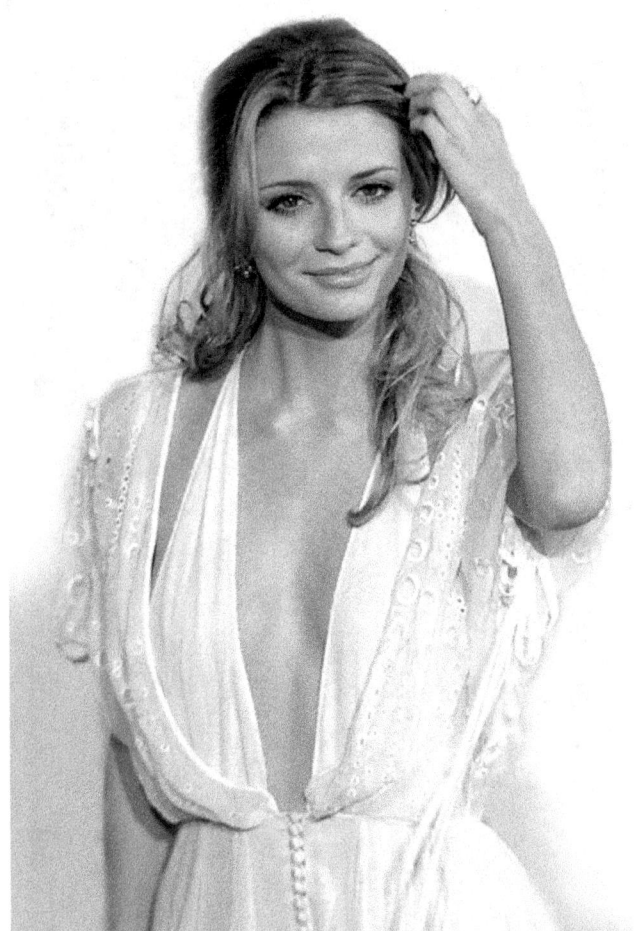

D
I
O
S
A
S

D
E
L

C
I
N
E

Nos encontramos ante la primera película en inglés de Lea Pool, después de una brillantísima filmografía en francés. En esta ocasión, nos narra una historia de amor entre tres jóvenes estudiantes: Paulie, Tory y Mouse, quienes van a convivir en un elegante internado. Allí transcurrirán muchas horas de sus vidas, descubrirán un tipo de amor más profundo, lucharán por la lealtad y el compañerismo, haciendo frente a sus tristezas y problemas familiares. Nos describe también su idea de los límites del amor, con las consecuencias que acarrea una relación lésbica.

MONSTER'S BALL
(2001)

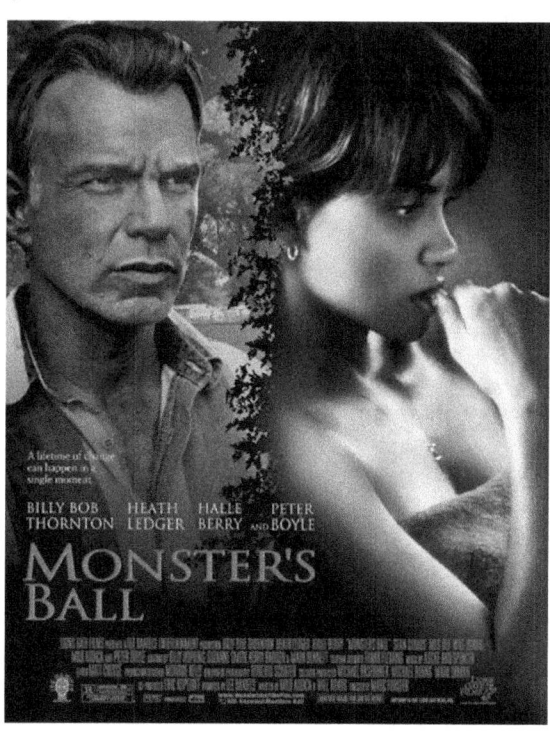

Director: Marc Forster

Guión: Milo Addica y Will Rokos

Intérpretes:

    BILLY BOB THORNTON: Hank

    HALLE BERRY: Leticia

    HEATH LEDGER: Sonny

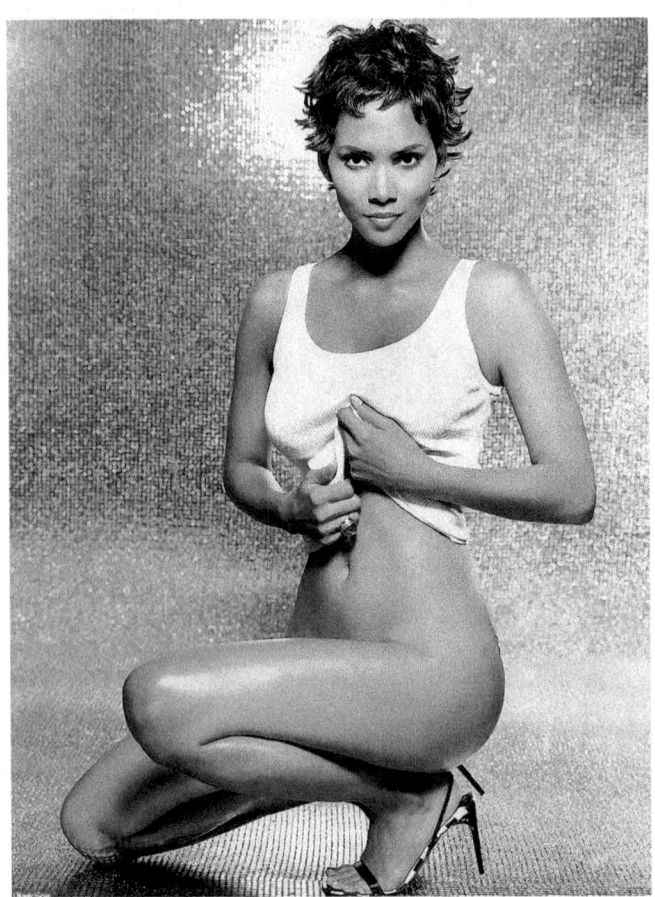

D
I
O
S
A
S

D
E
L

C
I
N
E

Halle Berry saltó a la fama con honores con este filme, en donde un interno negro recibe frecuentes visitas de su esposa, y, con el tiempo, Hank (el encargado de ejecutar a muerte a los condenados) comienza a enamorarse de la bella mujer del reo. Esto le traerá no pocos quebraderos de cabeza pues sus sentimientos le llenarán de confusión, mientras nuevas ideas nunca antes sospechadas comenzarán a anidar en su mente.

Bien las escenas de sexo son interesantes, sutiles, pero lo suficientemente intensas como para justificar incluir este filme en la lista de cine erótico.

MULHOLLAND DRIVE
MULHOLLAND DRIVE (2001)

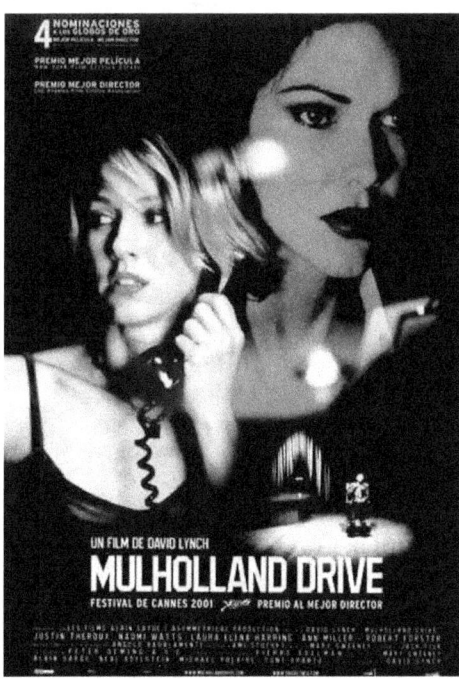

Director: David Lynch

Fotografía: Peter Deming

Intérpretes:

JUSTIN THEROUX

NAOMI WATTS

LAURA HARRING

ANN MILLER

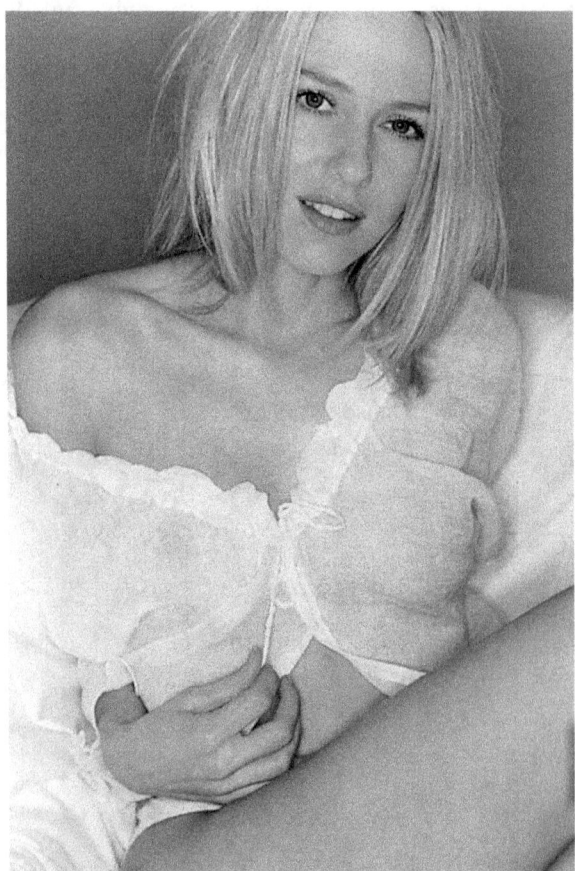

D
I
O
S
A
S

D
E
L

C
I
N
E

Galardonada cinta en donde Betty, una joven aspirante a actriz, llega a Los Ángeles para convertirse en estrella de cine. Allí se aloja en casa de su tía, donde se encuentra también Rita, una mujer amnésica que ha sufrido un accidente en Mulholland Drive. Desde ese momento su vida tiene un nuevo aliciente para investigar quién es Rita y cómo llegó hasta allí.

Como casi todos los filmes de Lynch, es el espectador quien debe atar los cabos y encontrar las respuestas, puesto que el director no quiere facilitar las cosas. Por eso, para muchos es una historia confusa, defecto acrecentado porque las mismas actrices interpretan diferentes personajes, además de numerosos saltos narrativos en el tiempo que confunden aún más, si ello era posible. De cualquier modo, no aburre, y las imágenes son fuertes y algunas inolvidables.

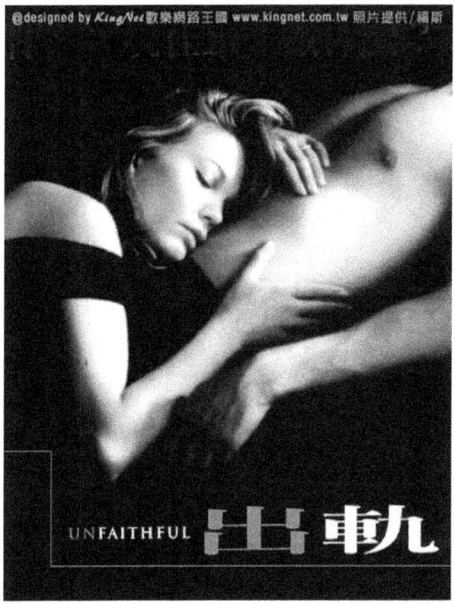

INFIEL
UNFAITHFUL
(2002)

Director:
Adrian Lyne

Intérpretes:
RICHARD GERE:
Edward Sumner
DIANE LANE:
Connie Sumner
OLIVIER MARTÍNEZ:
Paul Martel

195

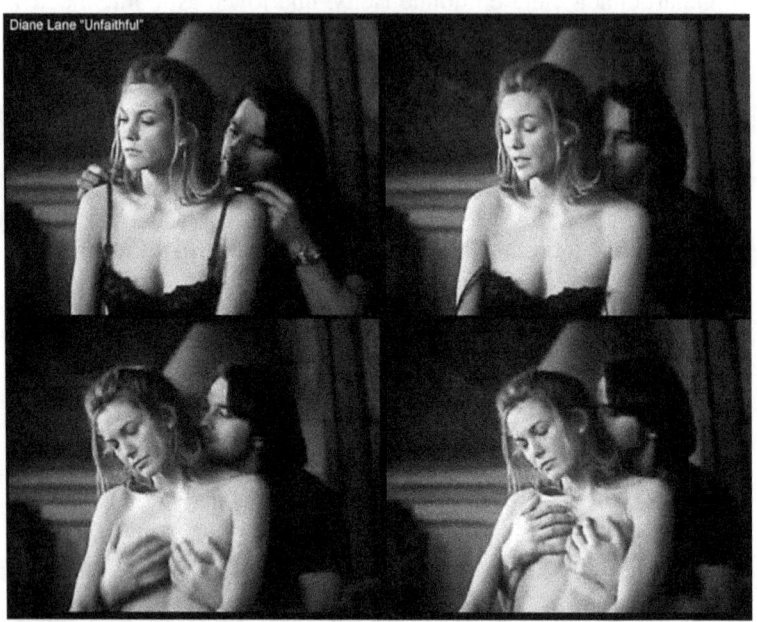

Diane Lane "Unfaithful"

Las relaciones amorosas entran dentro de nuevas dimensiones de intensidad y peligro con este triángulo formado por Richard Gere, Diane Lane y Olivier Martínez. Ellos nos conforman una visión sorprendente y sobrecogedora de cómo nos ponemos una cortina de humo cuando queremos esconder nuestra culpa.

Lyne estuvo trabajando muchos años en la historia de este filme desde que vio en 1968 "La mujer infiel", una de las obras maestras de Claude Chabrol, un prestigioso director francés. "Fue una de mis películas favoritas", confiesa Lyne, "una obra en la que un marido se da cuenta poco a poco de que su mujer está teniendo una aventura amorosa.

KEN PARK
(2003)

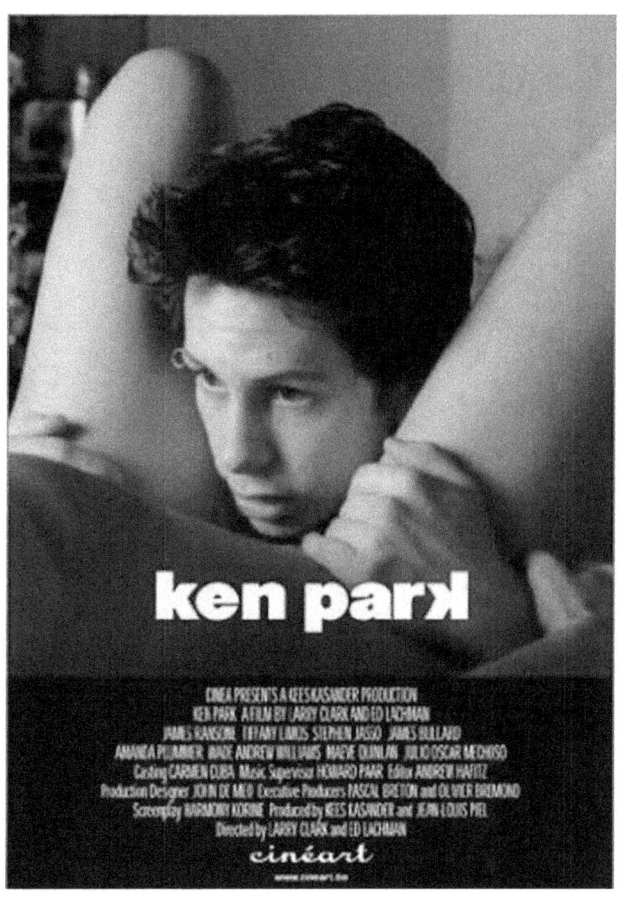

Director: Larry Clark

197

Intérpretes:

ADAM CHUBBUCK: Ken Park

JAMES RANSONE: Tate

TIFFANY LIMOS: Peaches

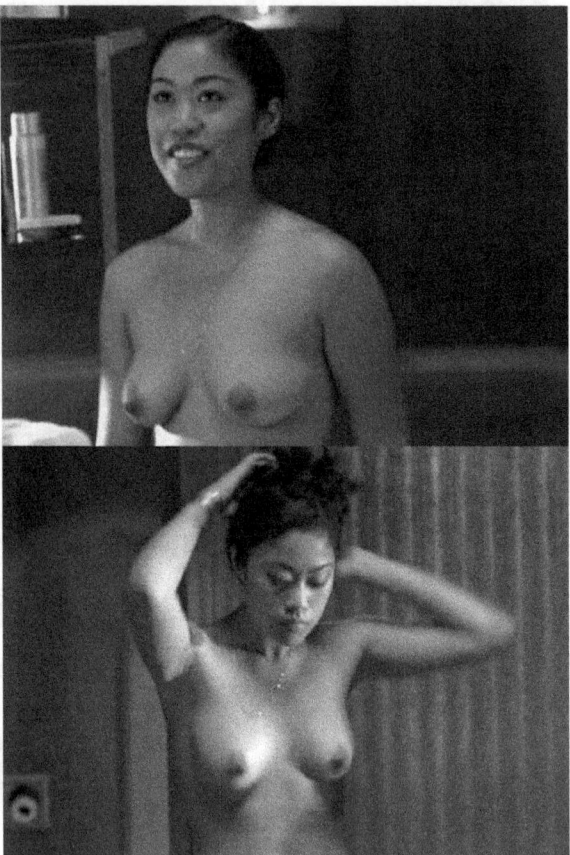

Esta historia nos habla de un grupo de adolescentes y sus padres en una pequeña ciudad del centro del Estado de California, casi una continuación de la primera película de Larry Clark, "Kids", en

D
I
O
S
A
S

D
E
L

C
I
N
E

donde trataba del mundo secreto de los niños en el que no se permite que entren los padres.

Ahora entramos en las viviendas de cuatro familias y conocemos a los padres, todos residentes en Visalla, California, una ciudad pequeña y aislada entre Los Ángeles y Fresno. También aparece el amor, pero pronto se confunde con retazos de violencia, sexo, odio y episodios maniacos propios de mentes confusas.

EN CARNE VIVA
IN THE CUT (2003)

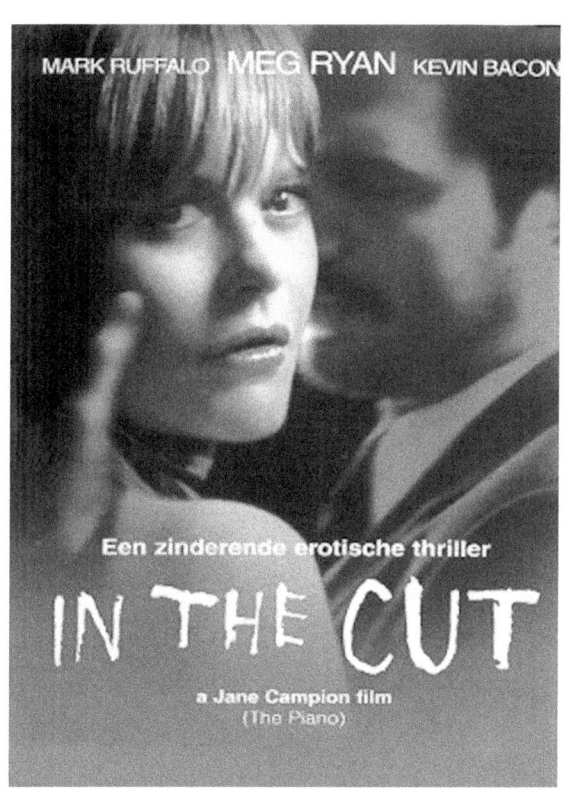

Director: Jane Campion

Guión: Jane Campion & Susanna Moore (Novela: Susanna Moore)

Intérpretes:
MEG RYAN
MARK RUFFALO
KEVIN BACON
JENNIFER JASON LEIGH

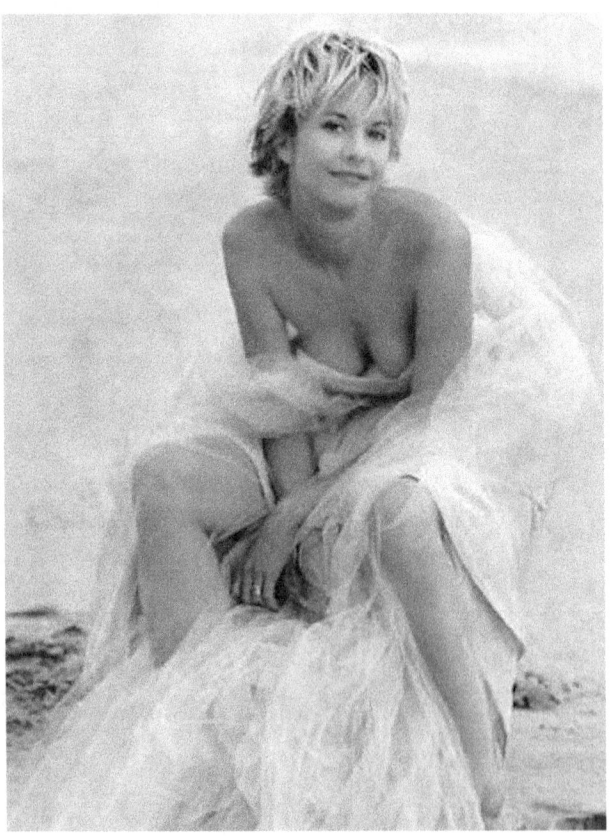

D
I
O
S
A
S

D
E
L

C
I
N
E

Ella es Frannie Avery, una profesora de escritura, de momento sola en Nueva York. Como es inteligente y reservada no le gusta hacer amigos, y prefiere dedicarse a investigar el lenguaje de la calle y los aspectos tradicionales de la novela policíaca. Aquel día su erotismo sube hasta niveles peligrosos cuando ve a una pareja hacer el amor. Ella le está haciendo sexo oral, pero apenas si ha conseguido ver la cara del varón, salvo un tatuaje de su muñeca. Dos días más tarde, un policía la interroga sobre un crimen cometido cerca de su apartamento. El detective Malloy es guapo, y a ella le resulta extrañamente familiar, consiguiendo que con el tiempo le encuentre terriblemente seductor.

Meg Ryan intentó cambiar de registro pasándose de la comedia al thriller, e incluso nos regaló algún fugaz desnudo, lo mismo que escenas eróticas de cierta intensidad, pero sus admiradores no se lo agradecieron y la taquilla no funcionó.

LA VECINA DE AL LADO
THE GIRL NEXT DOOR (2004)

Director: Luke Greenfield

Intérpretes:
EMILE HIRSCH: Matthew Kidman
ELISHA CUTHBERT: Danielle
TIMOTHY OLYPHANT: Kelly

Ella es tan guapa, tan increíblemente guapa, que no nos extraña que tenga desquiciado a Matthew Kidman, un joven de dieciocho años, casi un buen chico, trabajador y estudioso, pero que nunca ha

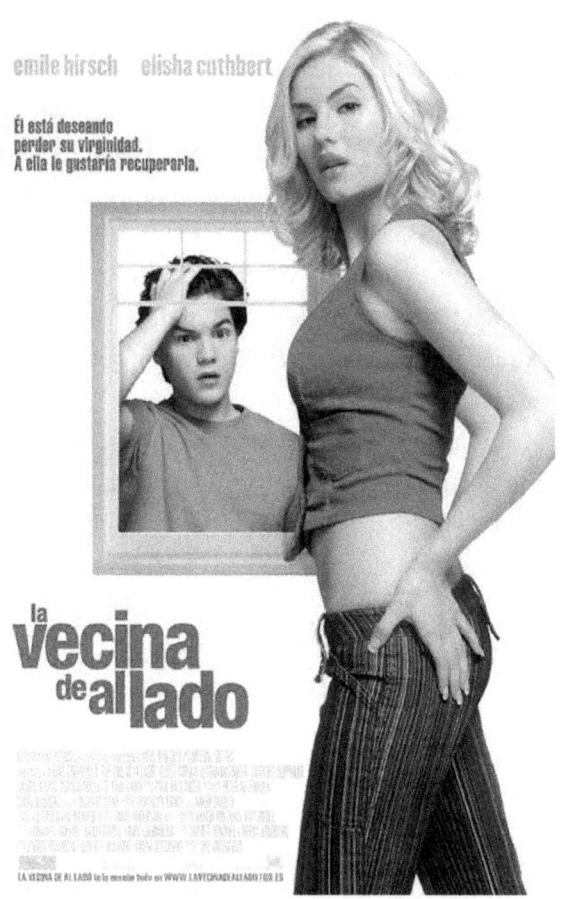

D
I
O
S
A
S

D
E
L

C
I
N
E

conocido el amor; salvo ahora, con esa guapa vecina aparentemente inocente que se llama Danielle. Pero ella en realidad no ha perdido tiempo en aprovechar sus atributos físicos para ganar dinero y se
ha convertido en una popular estrella del cine porno. Desde ese
momento, la plácida existencia de Matthew empieza a saltar por los
aires. Sin embargo, la chica le comprende y le ayuda a superar su

D
I
O
S
A
S

D
E
L

C
I
N
E

inhibición sexual y a descubrir que a veces hay que arriesgarlo todo por la persona a la que quieres, aunque sea una chica del cine porno.

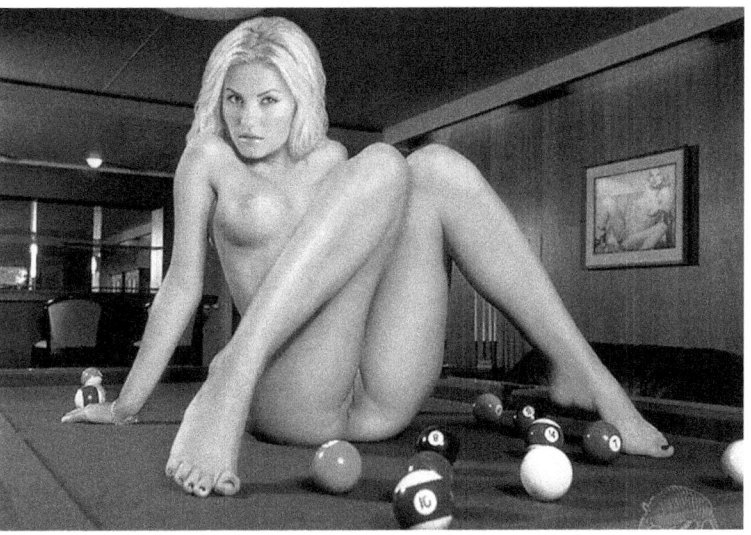

YO, PUTA
WHORE (2004)

Director: Luna
Guión: Adela Ibáñez

Intérpretes:
    DARYL HANNAH: Adriana
    DENISE RICHARDS: Rebecca
    JOAQUÍN DE ALMEIDA: Pierre

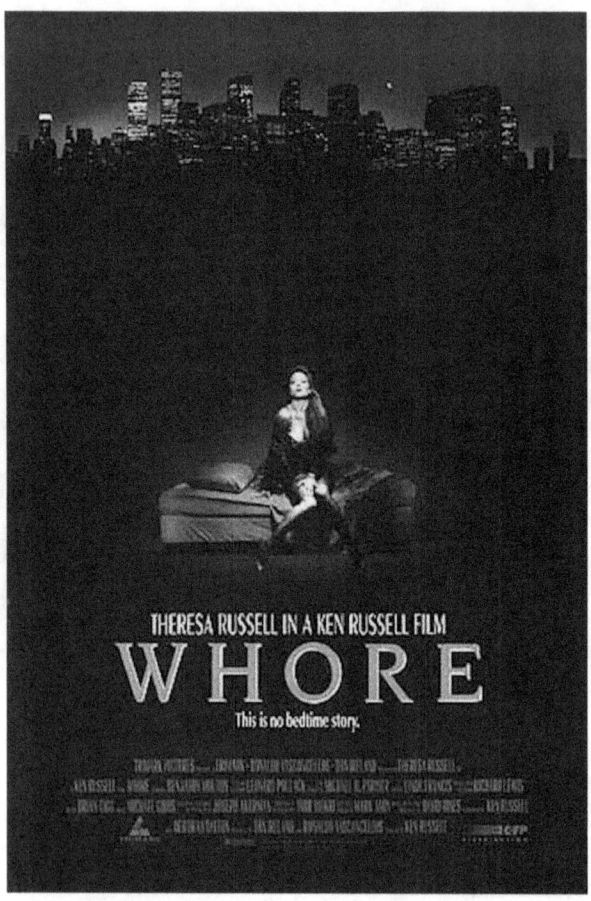

La historia de las "chicas del sexo" está contada por tres personas, y cada una aporta su visión de cómo sienten esta profesión las
profesionales y los clientes. Basada en una novela de cierto éxito, se
intenta realzar la figura de las prostitutas y degradar la de los clientes, lo que aparta seriamente la pretendida línea documental objeti-
va que se buscaba. Indudablemente el morbo es intenso, lo mismo
que el calor que desprenden algunas escenas, pero queda todo bajo

el prisma de la guionista, quien parece demasiado interesada en dotar de aguda inteligencia a las profesionales del sexo remunerado.

Nota de interés es el tratamiento de la imagen, mezcla de la cinematografía tradicional con las últimas técnicas en post-producción digital, logrando así una estética vanguardista muy interesante.

D
I
O
S
A
S

D
E
L

C
I
N
E

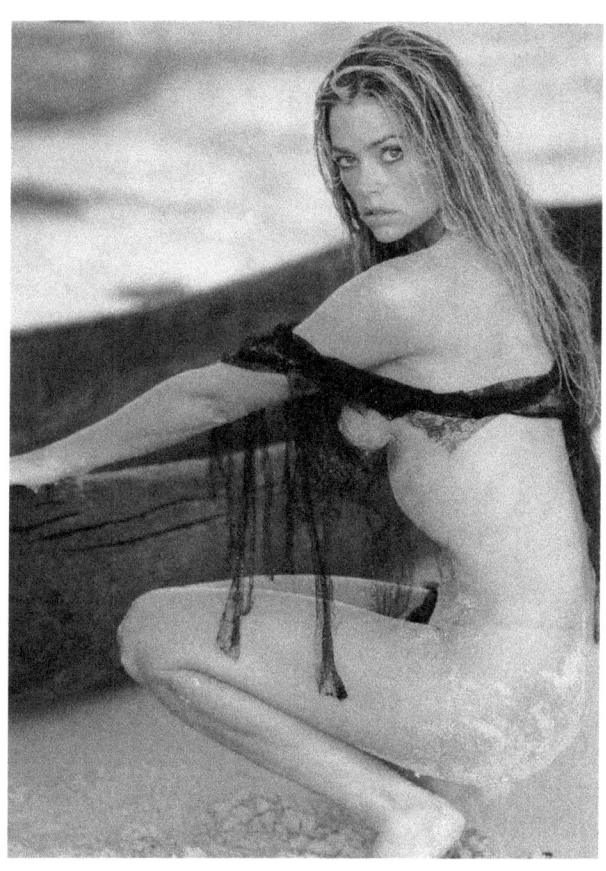

INSTINTO BÁSICO 2: ADICCIÓN AL RIESGO
BASIC INSTINCT 2: RISK ADDICTION 2006

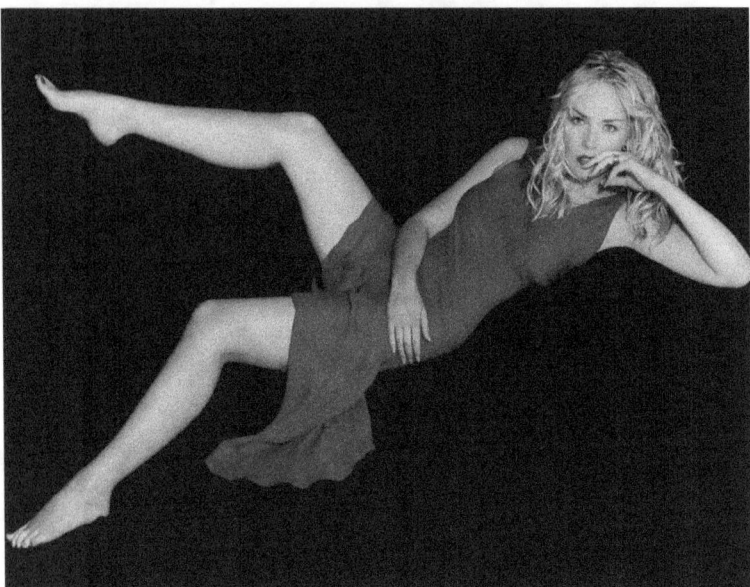

Director: Michael Caton-Jones

Intérpretes:
SHARON STONE: Catherine Tramell
DAVID MORRISEY: Dr. Michael Glass
CHARLOTTE RAMPLING: Milena Gardosh

Sharon Stone siempre nos ha encandilado desde que la vimos en "Desafío total", y aquí nos demostró que las veteranas de la belleza lo pueden seguir siendo casi hasta el día de su jubilación. Que está guapa y seductora no hay duda, pues muestra lo justo para no destruir la magia y sabe mirar a los hombres como nadie para dejarles aturdidos. Bien, esto puede ser suficiente para sus admiradores, pero también es necesario contar con una buena historia, lo que no ocurre en esta ocasión.

La historia de Catherine viajando a Londres para comenzar una nueva vida centrada en su actividad de escritora y viéndose acusada de un crimen que dice no haber cometido, no es una buena base de partida, y por eso cuando ella desaparece de la pantalla nos apetece marcharnos al bar y volver cuando retorne.

OTROS TÍTULOS:

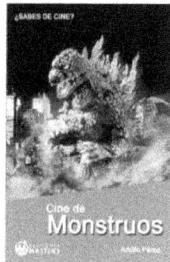

CINE DE
MOSTRUOS

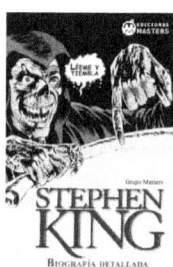

STEPHEN
KING

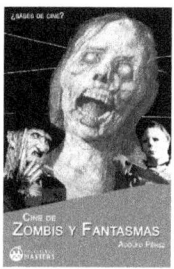

CINE DE
ZOMBIES Y
FANTASMAS

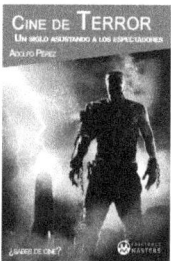

CINE DE
TERROR

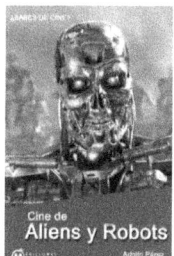

CINE DE
ALIENS Y
ROBOTOS

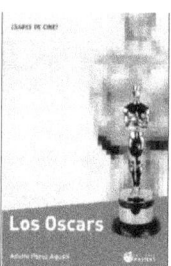

LOS OSCARS

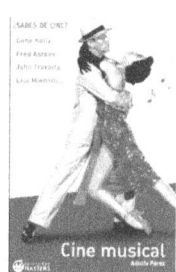

CINE
MUSICAL

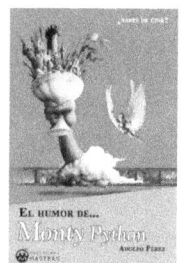

EL HUMOR DE..
MONTY
PYTHON